RESPEITO É BOM
E TODO MUNDO GOSTA

Coleção Diálogo

- *Amar se aprende amando: conjugando o verbo amar nos desafios da vida a dois* – Carlos Afonso Schmitt

- *Respeito é bom e todo mundo gosta: Ética e etiqueta nas relações pessoais e profissionais* – Adélia Maria Ribeiro, Liana Artissian e Ruth Cronemberger

- *Setenta e sete vezes: o caminho do perdão* – Cláudio de Castro

- *Tetos profissionais: como evitar as armadilhas no desenvolvimento de sua carreira* – Roberto Cardoso

- *O que você carrega na sua mochila? Diálogos, contos e atividades para a evolução pessoal e profissional* – Andrea Farioli

- *Presença de Deus no trabalho: como colocar em prática os valores cristãos no ambiente profissional* – Luciano Montenegro Jr.

Adélia Maria Ribeiro
Liana Artissian
Ruth Cronemberger

RESPEITO É BOM
E TODO MUNDO GOSTA

Ética e etiqueta nas relações
pessoais e profissionais

Dados Internacionais de Catalogação na Publicação (CIP)
(Câmara Brasileira do Livro, SP, Brasil)

Ribeiro, Adélia Maria
Respeito é bom e todo mundo gosta : ética e etiqueta nas relações pessoais e
profissionais / Adélia Maria Ribeiro, Liana Artissian, Ruth Cronemberger. – São Paulo :
Paulinas, 2011. – (Coleção diálogo)

ISBN 978-85-356-2841-8

1. Comportamento humano   2. Comunicação   3. Conduta de vida   4. Convivência
5. Ética   6. Etiqueta em negócios   7. Etiqueta empresarial   8. Normas sociais
9. Relações interpessoais   10. Respeito pelas pessoas   11. Sucesso profissional
I. Artissian, Liana.   II. Cronemberger, Ruth.   III. Título.   IV. Série.

11-06546   CDD-170.42

Índice para catálogo sistemático:

1. Respeito : Ética e etiqueta nas relações pessoais e profissionais : Filosofia   170.42

1ª edição - 2011
3ª reimpressão - 2018

Direção-geral:	*Bernadete Boff*
Editora responsável:	*Andréia Schweitzer*
Copidesque:	*Simone Rezende*
Coordenação de revisão:	*Marina Mendonça*
Revisão:	*Sandra Sinzato*
Assistente de arte:	*Sandra Braga*
Gerente de produção:	*Felício Calegaro Neto*
Capa e diagramação:	*Wilson Teodoro Garcia*

*Nenhuma parte desta obra poderá ser reproduzida ou transmitida
por qualquer forma e/ou quaisquer meios (eletrônico ou mecânico,
incluindo fotocópia e gravação) ou arquivada em qualquer sistema ou
banco de dados sem permissão escrita da Editora. Direitos reservados.*

Paulinas

Rua Dona Inácia Uchoa, 62
04110-020 – São Paulo – SP (Brasil)
Tel.: (11) 2125-3500
http://www.paulinas.org.br
editora@paulinas.com.br
Telemarketing e SAC: 0800-7010081

© Pia Sociedade Filhas de São Paulo – São Paulo, 2011

Aos nossos parceiros e clientes,
que acreditam ser o bom relacionamento
o diferencial e o segredo da comunicação eficaz,
e aos treinandos, que colaboraram
com instigações, *cases* e dúvidas.

Agradecemos

a nossos pais, que nos legaram
os valores de respeito e dignidade;

a nossos maridos e filhos,
que apostaram no sucesso deste livro;

a Maria Lucia Palma Bodra, jornalista,
que contribuiu com questionamentos
e opiniões sobre este trabalho;

a Glícia Sant'Ana, professora de língua e literatura,
e a Leontina Jacubcionis, diretora-adjunta da AJEB,
que ao lerem esta obra nos incentivaram a publicá-la.

Sumário

APRESENTAÇÃO 11

PREFÁCIO 13

FAÇA A SUA PARTE! 17

A PALAVRA É... "COMUNICAÇÃO" 19
    Cumprimentos 20
    "Alô? Alô!" – o telefone 25
    Telefone celular: cuidado! 29
    Código de comportamento para relacionamentos na rede
    net + etiqueta = netiqueta 30
    Computadores portáteis e tablets 33
    Convites 34
    Cartão profissional 36

COMUNICAÇÃO VISUAL 40
    A primeira impressão é a que fica... 40
    Marketing pessoal/profissional 42
    Marketing na empresa 43
    O guarda-roupa básico de trabalho 47
    Postura corporal: sua postura comunica quem você é 57

RELAÇÕES HUMANAS HARMONIOSAS:
FERRAMENTAS PODEROSAS PARA UMA
COMUNICAÇÃO EFICAZ 62
    Relações humanas no trabalho 63
    Relações interpessoais:
    como conviver com as diversidades? 63

ATOS E ATITUDES CIVILIZADAS..70
Dá para esperar?..70
Transportes públicos..71
Lanchonetes e cafés..72
Sanitários..72
Espaços públicos..73
Filas..75
Calçadas e escadas..76
Estradas..76
Uma pausa para a reflexão..77

SABER COMPORTAR-SE SOCIALMENTE
CONTA PONTOS 79
Mesa: ponto de encontro social e profissional 79
Almoços de negócios..84
Reuniões sociais..86
Encontros pessoais em restaurantes..87
Confraternizações na empresa..88
Um pouco sobre vinhos..89
Coquetéis 91

TRANSFORME-SE EM UM PROFISSIONAL
DE QUALIDADE..96
Pleiteando um emprego..96
Executivos e líderes..101
Secretárias..102
Telefonista / atendente..105
Motoristas 110
Segurança..116
Corretor de imóveis..117
Vendedor..119
Profissional da área da saúde..123
Empregado doméstico..129
Zelador..133
Garçom 134

DICAS DE COMPORTAMENTO
PARA UM MUNDO GLOBALIZADO 137
Costumes "estranhos" e diferentes culturas.......................137
Curiosidades..149

CIDADANIA E RESPONSABILIDADE SOCIAL...............151
Cidadania e igualdade...152
Cidadania e educação 154
Somos jovens, podemos tudo!...158
Idoso, eu? 161
Convivência pacífica entre fumantes e não fumantes.........164

AMOR PELA PÁTRIA..167
Hino Nacional brasileiro..167

APÊNDICE...171
FAQ – Perguntas frequentes 171
Depoimentos..185

BIBLIOGRAFIA...191

Apresentação

Quando começamos a atuar em treinamento nas empresas, eram pouquíssimos os consultores na área de etiqueta profissional.

Ao longo do tempo, recebemos muitas solicitações para que transformássemos nossos treinamentos em livro. Embora agraciadas pela mídia com reportagens e entrevistas em jornais, revistas e na TV, tratando do nosso trabalho, adiamos o projeto do livro. Estávamos convictas de que, assim, haveria tempo para reproduzir a nossa experiência, associada aos depoimentos vivenciais dos treinados e às muitas considerações sobre o comportamento das pessoas observadas no nosso dia a dia.

Chegou a hora! Temos certeza de que estamos prontas para a edição deste livro. Esperamos que os temas desenvolvidos sirvam de ajuda para a vivência e a convivência harmoniosas no ambiente de trabalho, nas relações familiares e sociais em geral.

Comportamento é como arremessar uma bola contra a parede: dependendo da força utilizada e da distância de lançamento, ela retornará com igual, maior ou menor intensidade. Para que, então, se expor a cartão vermelho ou perder o jogo?

As autoras

Prefácio

Viver bem é um exercício diário.

Depende de saber respirar fundo, munir-se de um sorriso e dispor-se a contagiar humores externos, agregar graça a cada impulso, e em qualquer situação: em casa, no trabalho ou com o interlocutor que cruza seu caminho.

Impossível não é. Nasce da filosofia de se propor a mudar, um pouco que seja, despertando a consciência na busca de uma vida mais sadia, latente na visão ampliada do ser humano.

Totalmente oportuno, assim, que neste momento em que assuntos de relevância mundial tomam conta do noticiário, apontando mortes, guerras e sofrimento pelo planeta afora, três profissionais experientes se debrucem sobre o tema da delicadeza para trazer à tona a revalorização de pequenos gestos que fazem a diferença.

Adélia Maria Ribeiro, Liana Artissian e Ruth Cronemberger, palestrantes em cursos de treinamento em empresas e observadoras do cotidiano, com o intento precípuo de revitalizar a vida atual – mecânica, sem viço nem amabilidades, que atrapalha o caminhar das pessoas e dos negócios –, resolvem apostar neste livro, sem receio nem reticências, revelando atalhos facilitadores às relações humanas.

O tema da cidadania, frequente na ordem do dia, atrai voluntários engajados em causas nobres, mas parece se ausentar quando se trata das relações diárias, entre vizinhos, no trabalho, e até nas universidades. Ações cidadãs precisam, sim, ser cultivadas e exercitadas, para que permeiem cada ato rotineiro, favorecendo um viver mais harmônico.

Ser gentil ou alvo de uma gentileza faz bem, muito bem. O sorriso brota espontâneo, o rosto se ilumina e a vida parece prosseguir mais serena. Qualquer um pego desprevenido por uma gentileza tende a imitar, a repetir, e aí a rede pode se ampliar, criando alegria, revigorando os sentidos.

Boas maneiras, educação e cordialidade são questões de berço, mas se aperfeiçoam e com o tempo se fortalecem, fazendo progredir o processo de vida ao encontro de alguma felicidade.

Razões, como visto, não faltam para ter na estante este meritório livro, de Adélia, Liana e Ruth, que estoicamente se dedicaram a registrar dicas valiosas e contribuir em prol da harmonia de uma sociedade que precisa entender que a vida fica melhor se bem cuidados forem os breves momentos de cada dia, de cada ato, de cada negócio. Não é muito complicado. Basta preservar a alegria que provém do gesto elegante e descobrir seus efeitos.

Pense nisso! Melhor, leia o livro!

Vale praticar o respeito e a cortesia, fortalecendo os laços e valorizando os sentimentos, aqui, agora e como exemplo para as novas gerações. É passar pela vida com mais beleza. Coragem!

Leontina C. Jacubcionis
Diretora-adjunta da AJEB –
Associação de Jornalistas e Escritoras do Brasil –
Seção SP

Faça a sua parte!

Conquanto a expressão "qualidade de vida" esteja em alta, muitos são os transtornos que a vida moderna nos traz, como estresse, violência, desemprego, competição acirrada, grosserias etc. O que vemos é o ser humano, em prol dessa modernidade, colocar em segundo plano simples gestos de atenção, esquecendo-se que eles contribuem para a harmonia consigo mesmo e com os outros no dia a dia

Quem já não se aborreceu com a falta de educação de alguém no trabalho, nos lugares públicos, na família, na sociedade? As pessoas parecem cada vez mais individualistas, frias, fechadas no seu mundinho particular, sem se importar com os outros...

É preciso reverter esta situação se quisermos melhorar nossa qualidade de vida. Ninguém gosta de estar com pessoas mal-educadas, mal-humoradas e ácidas. No convívio diário, principalmente no trabalho, onde passamos a maior parte do tempo, deve-se deixar claro às pessoas que nos preocupamos com o bem-estar delas, tanto quanto com o nosso. O bem-estar é fruto do entendimento mútuo, da concórdia, do respeito e da confiabilidade.

Não pretendemos ditar regras rígidas de comportamento, mas referências importantes, que auxiliem na convivência diária. As boas maneiras e a ética falam a mesma linguagem: a linguagem da cortesia, do bom senso, da simplicidade, da clareza e da integridade, sem subterfúgios.

Se cada um fizer bem a sua parte, temos certeza de que o caminho para o sucesso e a felicidade será conquistado. A liberdade de escolha é sua. Você já deu um primeiro passo, adquirindo este livro. Usufrua desse privilégio de maneira prazerosa. Afinal, "O aprendizado é um jogo infinito".[1]

---

[1] DOURADO FILHO, Fernando. *Ao redor do mundo*.

A palavra é... "comunicação"

Neste novo milênio, a palavra-chave é "comunicação".

Realmente, vivemos a era das grandes inovações tecnológicas: o telefone, o fax e a internet são os meios mais utilizados para otimizar e agilizar compromissos e para se comunicar com todos os povos e lugares do planeta. No entanto, por mais paradoxal que pareça, o ser humano nunca se sentiu tão só e isolado!

Onde está o cerne da questão?

Pare um pouco e observe o que acontece ao seu redor. Pense... Muita coisa poderia ser fonte de prazer e alegria, mas, como as pessoas estão sempre correndo, atropelando-se umas às outras, nada se vê.

Um trecho de uma crônica muito interessante, intitulada "Vista cansada", de Otto Lara Rezende, diz:

> Uma criança vê o que o adulto não vê. Tem olhos atentos e limpos para o espetáculo do mundo. O poeta é capaz de ver pela primeira vez o que de tão visto ninguém vê. Há pai que nunca viu o próprio filho. Marido que nunca viu a própria mulher, isso existe às pampas. Nossos olhos se gastam do dia a dia, opacos. É por aí que se instala o monstro da indiferença.

Portanto, refletir e começar por cumprimentar as pessoas do seu convívio diário, já é um bom começo. É incrível como o simples fato de cumprimentá-las, tratá-las pelo nome e esboçar um sorriso as deixa mais leves e o ambiente, mais descontraído. Ouça-as, sempre que possível. Experimente, de hoje em diante, olhar melhor as pessoas que você já conhece, aquelas com as quais convive e as outras com quem cruza sem notar! Não custa nada, mas fará tremenda diferença na sua saúde física, mental e espiritual.

Cumprimentos

Certo dia, ao cumprimentarmos o zelador do prédio onde temos o escritório – "Bom-dia, Sr. Paulo" –, ele respondeu com um sorriso: "Bom-dia!"; e acrescentou, "É gostoso receber um 'bom-dia' entusiasmado logo cedo. Alegra a gente. Mas existem pessoas mal-humoradas, que ao darem 'bom-dia' parecem estar desejando um 'mau-dia'".

Ele tem razão. Na verdade, muitos balbuciam ou falam mecanicamente. Não passam nenhum sentimento e, pior, nem olham para a pessoa que estão cumprimentando. Você já passou por essa experiência?

Com certeza, sim. Então, não se esqueça de que, ao cumprimentar alguém, se possível, chame-o pelo nome, passe-lhe energias positivas e bons sentimentos para dele receber a mesma vibração, através do olhar, do sorriso. E, quem sabe, também ouvirá o seu nome.

É importante saber que a maneira de cumprimentar – formal ou informalmente – varia:

1. de acordo com o grau de intimidade ou formalismo existente entre as pessoas;
2. se a ocasião é de alegria ou de tristeza;
3. se o ambiente é familiar, social ou profissional.

Vejamos como é diferente a forma de cumprimentar um familiar, um colega de trabalho, um diretor da organização e as autoridades.

É preciso respeitar as leis sociais, sabendo distinguir intimidade de formalismo e de hierarquia. As situações mudam e com elas as diferentes formas de cumprimento.

Podemos usar desde um descontraído "olá", "oi", um sorriso, um olhar, um aceno de mão, até um abraço, um beijo no rosto ou um cordial aperto de mão, se o encontro for com um amigo.

No mundo dos negócios, o aperto de mão é sem dúvida a maneira mais simples e segura de se cumprimentar alguém com quem se tem uma relação profissional, mas deve ser acompanhado do nome e do olhar dirigido à pessoa.

Muitos perguntam qual devem ser a intensidade e a duração de um aperto de mão. Para nós, ocidentais, a melhor medida seria um aperto firme, de não mais do que cinco segundos. Apertar demais a mão do outro é grosseria. Estender somente a ponta dos dedos parece pouco caso, desprezo. Mão lânguida, mole, é terrivelmente desagradável, denota timidez e insegurança. Mas há que se levarem em conta as diferenças culturais ou problemas fisiológicos e emocionais.

Um cumprimento correto é a maneira mais educada e cortês de demonstrar ao outro o quanto o valorizamos e respeitamos.

Se em um evento você for o anfitrião, levante-se para cumprimentar seus convidados. Use o bom senso, evite beijos exagerados e o bater nas costas dos convidados. Vale a discrição.

E o "Muito prazer?". Como, na realidade, nem sempre isso é sincero, seria melhor utilizar outras fórmulas: "Como vai, tudo bem?", ou "Bom-dia", "Boa-tarde", "Boa-noite". Deixe o "muito prazer" para o final de um contato ou encontro, quando tiver sido realmente um prazer conhecer a pessoa e for seu desejo expressar-se assim, de modo mais autêntico.

Elaboramos um guia prático de regras mostrando, em ordem de precedência, como deve se dar o trato com as pessoas, para ajudá-lo no momento de uma apresentação ou de um cumprimento, na vida social e profissional.

Vida social:

1. autoridades civis, militares, políticas e eclesiásticas;
2. a mulher;
3. o mais idoso;
4. o visitante (que caso seja uma autoridade, deve ser considerada como tal).

Quem se levanta para cumprimentar quem?

- a pessoa que não é autoridade levanta-se para cumprimentar as autoridades;
- o homem sempre se levanta para cumprimentar uma mulher ou outro homem;
- o mais jovem sempre se levanta para cumprimentar o mais idoso;
- o familiar sempre se levanta para cumprimentar a visita.

Atenção: a mulher não se levanta para cumprimentar um homem ou outra mulher, exceto para pessoas de muita idade ou autoridades; a anfitriã levanta-se sempre, para receber qualquer convidado.

Quem estende a mão em primeiro lugar? A pessoa de maior precedência/importância, portanto, nesta ordem:

1. a autoridade;
2. a mulher;

3. o mais idoso;

4. o visitante.

Exemplo: um político, mesmo jovem, é quem deve primeiro estender a mão ao cumprimentar alguém, desde que a outra pessoa não seja uma autoridade mais idosa ou hierarquicamente superior.

Na vida profissional ou numa empresa vale a hierarquia ou a importância dos cargos.

Exemplo: ao entrar na empresa, encontrando o diretor, o funcionário cumprimenta-o verbalmente, com um movimento de cabeça, ou simplesmente com um sorriso; parar e estender a mão são decisões do indivíduo hierarquicamente superior (neste caso, o diretor).

O cliente externo é a pessoa mais importante para a organização. Todos os profissionais, inclusive a diretoria da empresa, devem ter conhecimento do valor do cliente e colocar em prática esta norma de precedência. Entretanto, nem todo cliente sabe de seu valor. Por isso, o profissional deve saber o quanto é importante para alguns de seus clientes, além de se levantar, a iniciativa de lhes estender a mão para um cumprimento. Vale o bom senso.

Resumindo: em qualquer situação, seja social ou profissional, é sempre o "menos importante" que toma a iniciativa de cumprimentar o "mais importante". Cabe, porém, ao hierarquicamente superior, a decisão de parar e estender a mão no momento do cumprimento ou simplesmente responder com outro gesto.

Importante: em qualquer momento, retire os óculos escuros para cumprimentar ou conversar com alguém; é importante olhar nos olhos da pessoa com a qual estamos nos comunicando. Uma mulher não deve estender a mão para um judeu ortodoxo. Por questão cultural, este não toca em outra mulher, senão na sua.

"Alô? Alô!" – o telefone

Quem já não perdeu tempo e paciência ao ligar para uma empresa a fim de obter alguma informação, reclamar ou marcar um compromisso?

Sentimo-nos, muitas vezes, participantes da brincadeira "Escravos de Jó". Os atendentes transferem a ligação para diferentes ramais, repetimos nossa necessidade para uma infinidade de pessoas que não resolvem nossas questões. E ainda há os que nos maltratam com seu mau humor e despreparo para a função.

Pior é quando ouvimos gravações repetindo palavras desgastadas "Não desligue, sua ligação é muito importante para nós", na verdade sugerindo algo como: "Não me atrapalhe". Desse modo, o valor que uma empresa gasta em publicidade para atrair clientes e divulgar um bom atendimento é mal-empregado. O cliente fica irritado e se sente enganado.

Então, que tal seguir algumas recomendações para tornar esse atendimento mais ágil e cortês?

1. Identifique a empresa, identifique-se e cumprimente. Ex.: "Lacre Consultoria, Liana Artissian, bom-dia!". Apenas um sobrenome é o suficiente.

2. Pronuncie as palavras pausadamente, para que a pessoa do outro lado da linha possa compreender.

3. Ouça atentamente o que está sendo dito pelo seu interlocutor. Se não for possível resolver o assunto imediatamente, pergunte se a pessoa pode aguardar um pouco. Caso demore mais que o previsto, volte ao telefone e avise que vai precisar de mais tempo. Caberá ao cliente decidir se continua na espera, ou se deixa o número do telefone para que o profissional retorne com as informações/soluções.

4. Mantenha a pessoa sempre informada! Nada de colocar músicas irritantes ou deixar o telefone aberto, permitindo que se ouça, ao fundo, barulho de escritório e pessoas conversando. No caso de utilização da opção "mute" (espera silenciosa), avise antes à pessoa, para que ela não se sinta abandonada.

5. Nunca diga: "um instantinho", "um minutinho". Não são palavras adequadas! Diga: "Senhor (se souber o nome da pessoa, use-o), pode aguardar

um instante? Preciso de tempo para...". Caso demore a resolver o que foi pedido, volte ao telefone, desculpe-se e peça mais tempo. Agradeça pela compreensão. "Obrigado" ainda não saiu de moda!

6. Se a ligação não for para você, ou se não puder resolver a questão, avise que vai passar para o setor responsável. Ao passar a ligação, você deve também informar os dados já obtidos do cliente. Desse modo, ciente de quem está do outro lado da linha e do motivo da ligação, a pessoa que atender poderá dizer: "Bom-dia, senhor ......, aqui quem fala é ...... do departamento .... O senhor quer saber sobre .....? Não se preocupe, ...".

   Importante: tenha sempre à mão e atualizados os ramais e nomes dos funcionários da empresa. Só assim você poderá fazer um atendimento ágil e de qualidade.

7. O tratamento também é muito importante. Com certeza você já escutou: "Fala, querida!", "Amor, eu vou ver para você, tá?". Além de soar como falsidade, não é um tratamento profissional. "Senhor" e "Senhora", acompanhado do nome, é o tratamento mais adequado. Se alguém lhe responder algo como "O Senhor está no céu" ou dispensar o tratamento mais polido, pode passar a

tratá-lo por você, mas não é preciso pedir desculpas, afinal, você não errou, foi apenas respeitoso.

8. Sorria sempre ao falar ao telefone, até mesmo ao final do expediente de um dia cansativo. Nossos sentimentos passam através do tom de voz.

9. Mascar chiclete ou comer e falar ao telefone, ao mesmo tempo, nem pensar. Já não aconteceu com você, de alguém lhe telefonar e perguntar: "Está almoçando?". Provavelmente porque você atendeu ao telefone mastigando ou deglutindo.

Como vemos, são muitos os cuidados necessários para falar ao telefone. Devido à proximidade do fone ao ouvido do interlocutor, há uma sensibilidade maior na comunicação. Atente para este detalhe. E mesmo em uma ligação particular, em sua residência ou no celular, cumprimente ao atender com um "bom-dia", "boa-tarde" ou simplesmente "alô".

Quem liga para uma pessoa ou para uma empresa deve se identificar e dizer a razão da ligação. Sem dúvida, é a maneira mais objetiva, educada e segura de estabelecer um contato.

Exemplo: "Bom-dia, sou Flávia Silva, desejo marcar uma consulta com a Dra. Carmem Rocha ainda esta semana, se possível".

Telefone celular: cuidado!

Qual é o som mais irritante que se ouve durante eventos, em cursos, palestras ou treinamentos, em restaurantes, cinemas e até em igrejas? Se você respondeu "o toque do celular", acertou!

As pessoas perderam o senso de respeito! O celular, antes visto como símbolo de *status*, hoje passou a ser *out* para aqueles que não sabem quando e onde utilizá-lo.

Há momentos que lembram os filmes de faroeste, em que mocinhos e bandidos carregavam na cintura suas armas e, subitamente, sacavam-nas, ao mesmo tempo. Duvida? Num restaurante, por exemplo, deixe seu celular tocar por alguns segundos. Todas as pessoas ao lado sacarão seus pequenos acessórios, para ver qual deles está tocando.

Muitos já se tornaram reféns de seus próprios celulares. Para não se tornar mais um, use-o com parcimônia e seja discreto. Afinal, ninguém precisa se inteirar do assunto discutido na ligação.

Ao fazer visitas a clientes ou participar de reuniões, desligue-o até que termine o encontro; suas mensagens cairão na caixa postal e o contato não se perderá. Se estiver esperando uma ligação importante, avise seu interlocutor e deixe o celular no modo silencioso; ao tocar, peça licença, distancie-se do local e seja breve; ao retornar, agradeça a compreensão dos que ficaram esperando.

E se o celular do seu amigo tocar e ele não estiver na sala no momento? Deve-se atender e anotar o recado ou deixar tocar, avisando-o quando ele chegar? Por ser o celular um meio de comunicação pessoal é aconselhável não atender, a não ser que seja solicitado para isso.

Bom senso e cidadania também devem estar presentes no uso do celular. Caso esteja no trânsito e receba uma ligação, estacione o carro com segurança antes de atender. Mesmo que seu carro possua bluetooth, falar dirigindo é uma infração da lei de trânsito e, além de receber uma multa, você ainda pode se distrair e pôr em perigo sua vida e a de outros. Atenção também ao toque de seu celular. Chamadas com frases ofensivas, melodias com letras inconvenientes, são, no mínimo, falta de respeito para quem as ouve. Cuidado, principalmente, se o seu celular for corporativo. Caso sua empresa tenha uma música institucional, é melhor que a use como toque de chamada.

Código de comportamento para relacionamentos na rede net + etiqueta = netiqueta

Como em todo meio de comunicação, o bom senso precisa estar presente para maior agilidade e proveito desta ferramenta: a Internet, que favorece o uso das redes sociais (Orkut, Facebook, Blog, Twitter, LinkedIn) para diversos fins sociais e profissionais, como conhecer pessoas, conversar com amigos, fazer negócios e obter informações.

A Internet traz benefícios, mas também prejuízo, para quem se utiliza desse universo virtual. De um lado, a rapidez agiliza os negócios, de outro, o volume de spams incomoda. Quem já não passou pelo aborrecimento de, ao abrir seus e-mails, ser brindado com correntes e propagandas, enviados sem prévia autorização? Isso para não falar dos hackers, que invadem os computadores e enviam vírus que destroem programas e arquivos.

Não se torne um "bobonet". Siga algumas regras comportamentais que, com certeza, irão auxiliá-lo a navegar pela Internet de modo prazeroso e sem sustos, tanto no trabalho, como nos momentos de lazer.

Mensagens objetivas, respostas rápidas, ortografia correta, identificação, tratamento informal, porém respeitoso, são alguns itens a serem observados na comunicação virtual.

Muito cuidado com a sua senha de acesso. No trabalho, desligue sua máquina ao sair da sala para evitar que alguém acesse suas pastas ou faça comentários sobre alguém da empresa em seu nome. Muitas empresas adotaram sistemas de controle de acesso à Internet que registram e permitem análise de toda a navegação, informando data, hora, sites visitados, links acessados, fotos, vídeos, músicas baixadas, enfim, toda a atividade desde o primeiro clique em uma página qualquer. Mesmo deletando uma mensagem, ela pode já ter sido registrada no backup empresarial e estará disponível para ser acessada posteriormente e até utilizada como prova criminal. Descuidos nesse sentido podem dar início a processos, em casos de comentários preconceituosos, assédio etc.

Os tópicos a seguir são dicas de como agilizar o envio de *mensagens via e-mail* de modo seguro, lembrando que nas empresas essa é mais uma ferramenta de trabalho. Por isso é preciso tomar certos cuidados:

1. identifique-se e mencione o assunto que vai abordar, que deve ser do interesse de seu destinatário;

2. as mensagens devem ser curtas e objetivas e a linguagem, clara, coerente, sem muito formalismo, mas evitando o uso de gírias e expressões de baixo calão;

3. cuidado com a Língua Portuguesa: lembre-se de que se trata de um documento escrito;

4. não deixe de responder as mensagens recebidas e faça-o o mais brevemente possível. O máximo de tempo admitido para responder um e-mail é de três dias;

5. siga a hierarquia ao enviar as mensagens: a mensagem original deve ser enviada ao superior, com cópia para os demais;

6. utilize o recurso da "cópia oculta" quando for enviar mensagens para muitos destinatários, para preservar a identidade deles;

7. a privacidade e a verdade devem prevalecer sempre, acima de qualquer outro interesse;

8. mensagens que possam pôr em dúvida a moral de pessoas ou empresas, com insinuações ou fofocas, devem ser abolidas;

9. não repasse arquivos pesados.

No que diz respeito aos chats, também é preciso tomar alguns cuidados, como não participar de salas de bate-papo se não tiver afinidade com o assunto que ali está sendo discutido; cumprimentar todos ao entrar; evitar o uso de apelidos (nickname) racistas, ofensivos, machistas; escrever com clareza e evitar palavras de baixo calão.

Evite participar de chats e utilizar programas como MSN ou outro similar enquanto estiver trabalhando. Tome cuidados, como não fornecer senhas e dados pessoais ou da empresa se não tiver certeza de que está em ambiente seguro.

Computadores portáteis e tablets

Os computadores estão cada vez menores, portáteis, e fazem parte dos acessórios de um executivo. Durante sua utilização, principalmente em viagens longas de avião, evite comportar-se como se estivesse na sua mesa no escritório: peça licença ao passageiro ao lado antes de utilizar o notebook ou laptop; não espalhe papéis; seja rápido, agradeça e desculpe-se pelo incômodo causado.

Lembre-se, ainda, que o barulho das teclas e a luz do monitor, especialmente durante viagens noturnas, podem ser bastante incômodos ao descanso dos demais passageiros.

Convites

Convites podem ser motivo de constrangimento se não for dada a devida importância às informações que eles trazem. Para evitar uma saia justa, certifique-se, antes de comparecer ao evento:

1. da hora e do local, para não chegar atrasado;

2. do traje estipulado, pois nada é mais constrangedor do que estar vestido inadequadamente. Ex.: se o convite determina "esporte" e você aparece de terno, ou o contrário, chamará a atenção e se sentirá como um peixe fora d'água (se tiver dúvida quanto ao que vestir, siga a nomenclatura de cada traje no item "Marketing pessoal").

Atenção ao pedido de confirmação de presença. Observe se, no rodapé do convite, geralmente à direita, encontram-se as iniciais maiúsculas RSVP (*Répondez S'il Vous-Plâit*, que significa "Por favor, confirme sua presença") ou o endereço eletrônico ou telefone para resposta. Se houver, contate a pessoa indicada, identifique-se e confirme sua presença. E, se não puder comparecer, informe também! Trata-se de uma gentileza, pois o número de convidados é calculado pelo retorno daqueles que confirmam a presença ou declinam do convite. Isso evita problemas com o serviço de *buffet, previsto para determinado número de pessoas,* e demonstra a preocupação dos anfitriões que se propõem a comemorar, com sucesso, uma data especial.

Quando o convite especificar "Senhor e Senhora", significa que é apenas para o casal. Os filhos só poderão comparecer se no convite constar "Sr. Fulano de Tal e família". Isso também evita tumultos, improvisação e problemas ao buffet, que podem comprometer o evento.

Demonstre seu traquejo social com esses pequenos e importantes detalhes. Afinal, estamos no século XXI, o século da comunicação e da cidadania.

Veja a seguir um exemplo de um convite:

35

Cartão profissional

O cartão profissional tem função de marketing e nele devem constar o nome da pessoa, o cargo que exerce e a empresa onde trabalha.

O brasileiro faz pouco uso de cartão, o que não acontece com outras culturas, como a japonesa. Isso não quer dizer que você deva espalhá-lo por todos os lados. Verifique seus interesses e o forneça para as pessoas certas. Sempre que oportuno, faça seu network.

Por ocasião de um treinamento, um aluno questionou: "No cartão está meu nome, Leonardo Fonseca, mas na empresa sou conhecido por Leo". Nada de rasurar o cartão substituindo o nome por apelidos ou riscar o sobrenome para dar um cunho mais informal. O cartão deve ser impecável. Qualquer outra informação deve ser dada verbalmente.

Oferecendo o cartão

Entregue seu cartão de modo que a visualização do seu nome, do logotipo e/ou do nome da empresa seja perfeita.

Uma pergunta que sempre surge: "Qual o melhor momento para oferecer o cartão?". Resposta: Depende do evento e das circunstâncias. Numa reunião com pessoas desconhecidas, é sempre melhor entregá-lo no momento das apresentações, assim, todos já se tratarão pelo nome, sem receio de confusão ou esquecimento. Mas não é gafe entregá-lo no final do encontro. Também se pode esperar pelo momento oportuno, como ao despedir-se da pessoa que lhe foi apresentada e com quem deseja manter contato.

Importante: numa visita comercial, não se esqueça de entregar um cartão também à secretária ou à pessoa de seu contato.

Curiosidade: os orientais entregam-no com as duas mãos, segurando no alto do cartão, e a entrega é acompanhada por uma respeitosa flexão do corpo.

Recebendo o cartão

Ao receber um cartão, de amigo ou de cliente, leia-o prontamente. Se for um nome difícil de pronunciar, peça para que a pessoa o pronuncie corretamente. Se desejar anotar algo no cartão, não o faça na frente de quem o entregou. Espere que a pessoa se afaste para fazer suas anotações.

Sugestão para a impressão dos cartões

Para o cartão profissional clássico, a melhor cor é opalina ou branca, que favorecerá o logotipo da empresa. O papel pode ser do tipo opalino ou linho branco, 180g.

Em todo cartão profissional devem constar informações completas para um futuro contato: nome, função ou profissão, endereço da empresa, CEP, telefone, fax, e-mail. Não é obrigatório constar o número do celular, a não ser que este seja fornecido pela empresa para contatos profissionais.

Lacre Consultoria

Ruth Cronemberger
Comportamento e Postura Profissional

R. Dr. Luis Falgetano Sbr. nº 89, 1º andar
Vila Mariana - São Paulo - Cep 04008-110
Tel/Fax (011) 5084-1209
E-mail: ruth.cronemberger@lacreconsultoria.com.br
www.lacreconsultoria.com.br

Sendo uma empresa de poucos funcionários, o nome do departamento é o bastante. Pode-se, também, imprimir o mapa de localização da empresa no verso do cartão, como se vê em alguns cartões de estrangeiros. No verso do cartão japonês aparece uma paisagem. Para executivos que se comunicam com empresas multinacionais ou viajam para o exterior, recomenda-se um cartão bilíngue, frente e verso.

Cartões mais simples podem ser impressos no computador ou nas copiadoras – de preferência com impressão a laser para que se consiga boa qualidade na apresentação.

Cartão socioprofissional

Além do cartão profissional, pode-se ter um cartão socioprofissional. Nele, constará apenas o logotipo da empresa e o nome do executivo, que utilizará esse cartão para enviar flores, condolências, agradecimentos, assuntos ligados à vida social e profissional.

Esse cartão pode ser duplo. Fica mais elegante gravar o nome da pessoa na parte interna, no centro do cartão. Os dizeres devem ser escritos à mão, na parte interna, acima do nome gravado. Caso seja usado para envio pelo correio, o tamanho ideal é 9 x 14 cm. O papel pode ser o mesmo do cartão profissional.

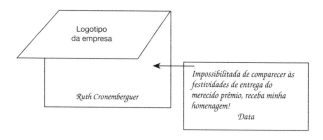

Para mantê-los impecáveis, a melhor maneira de transportá-los, no bolso ou na pasta, é em um porta-cartões. Lembre-se de que o cartão reflete sua personalidade e a qualidade da empresa.

Comunicação visual

A primeira impressão é a que fica...

Você concorda com o ditado? Vejamos...

Você acabou de ser apresentado a Raul, funcionário recém-contratado. À primeira vista ele lhe pareceu tímido, um tanto arrogante; porém, alguns dias depois, o comportamento dele faz você mudar de opinião. É que Raul, convocado para uma reunião, chama a sua atenção pela segurança pessoal e pelo conhecimento do assunto abordado. Discreto, mas profundamente carismático.

Mesmo sendo a primeira impressão um fato marcante, a convivência abre oportunidades de nos mostrarmos às pessoas de forma diferente, permitindo aos outros refazerem suas impressões sobre nós.

Mas, e quando não há outras oportunidades de nos mostrarmos em nossa melhor forma, de conquistarmos os demais?

Estar atento ao modo como nos apresentamos é de grande valia para nossas relações pessoais e profissionais. Não se trata de beleza física, mas, com certeza, se ganha oportunidades e simpatia através de bons modos, cortesia e constante aprimoramento pessoal e profissional. Uma pessoa que vive carrancuda, descuidada no traje ou que anda cabisbaixa, passa uma imagem de antissociabilidade e baixa autoestima. Por certo, sua presença desalinhada não causa boa impressão a ninguém e em nenhum lugar. O descuido na apresentação pessoal, tanto em mulheres quanto em homens, assume a forma de desprezo para consigo mesmo, para com as pessoas com as quais convive e a organização para a qual trabalha. A boa apresentação não se restringe à perfeição dos trajes, mas a um todo harmonioso e a uma postura corporal correta.

Como conseguir isso? Mantendo sempre o queixo paralelo ao chão, tórax projetado para frente, expressão fisionômica tranquila e natural, enfim, a posição de alguém "de bem com a vida". Isso demonstra o quanto você se ama e se respeita como ser humano.

"O homem é o que pensa que é", já dizia Aristóteles, filósofo grego nascido em 384 a.C. Podemos concluir que tudo o que se diz e se pensa, seja positivo ou negativo, reflete-se em si mesmo, ajudando ou prejudicando.

Descobrir o prazer de viver, cuidar de si próprio e respeitar os demais faz bem ao visual, deixa a pessoa mais disposta e confere-lhe uma nova postura, valorizando o que tem de mais bonito: o seu "eu". Afinal, viver é enfrentar desafios. É buscar o prazer de recomeçar a cada dia,

41

acreditar na energia de cada amanhecer, nas possibilidades que nos são apresentadas, nas decisões e escolhas a fazer, sem esquecer o sábio provérbio popular: "O coração é meu, pode sofrer; o semblante é do próximo, deve sorrir".

Marketing pessoal/profissional

Muitas empresas e grande parte dos profissionais reconhecem a importância e os benefícios da boa postura e aparência no mundo do trabalho.

Quando um produto novo é lançado no mercado, há todo um estudo para destacar sua imagem através da embalagem, da sua apresentação. No plano institucional não é diferente: as empresas também investem muito na divulgação de uma imagem positiva. O investimento começa pela decoração, com beleza e harmonia, do espaço físico das organizações. Isso valoriza seus produtos ou serviços.

Esse mesmo conceito pode ser aplicado em termos de marketing pessoal. O que isso quer dizer? A nosso ver, são as ações que envolvem a pessoa: habilidades e competências, apresentação pessoal, comportamento, postura, ética, respeito e consideração para consigo, para com os outros. É também saber distinguir moda de estilo e usar o bom senso.

Segundo Giorgio Armani, um dos mais conceituados estilistas do mundo, "O estilo está acima da moda. Usa suas ideias e sugestões sem aceitá-las todas.

Um homem ou uma mulher de estilo jamais modifica radicalmente seu jeito de se vestir cm função da moda".

Motive-se! Construir seu marketing pessoal leva tempo, exige determinação e contínuo aperfeiçoamento. Não se deve, no entanto, basear-se em politicagem barata, autopromoção exagerada, bajulação no ambiente de trabalho. É preciso jogar limpo, com integridade pessoal, para que a competição seja honesta e leal.

Queiramos ou não, nos dias de hoje as portas se abrem para aqueles que se apresentam bem e sabem se comunicar. Vivemos num mundo de aparências, onde o traje esmerado serve de passaportc, confere poder e status. Entretanto, uma imagem sólida depende de uma somatória de atributos, como competência técnica, atos coerentes, cidadania e valores éticos.

A sabedoria popular diz que "Não basta ser competente, é necessário parecer". Portanto, aja com discrição, conheça suas habilidades e deficiências e atualize-se sempre.

Marketing na empresa

Muitas organizações acreditam que a melhor ação de marketing é aquela que alia resultados ao comportamento e à postura profissional de seus funcionários. Ministramos treinamentos para profissionais de todos os níveis, de diversos departamentos, a fim de que todo o público interno possa demonstrar a seus clientes, fornecedores e parceiros a imagem de uma empresa integrada e, sobretudo, ética, forte e competitiva.

Portanto, pensando em marketing, como já afirmamos antes, o profissional não pode esquecer que sua aparência deve estar de acordo com a filosofia da empresa. Enquanto do profissional da área financeira espera-se uma aparência de seriedade, usando trajes mais formais, os das áreas de informática e publicidade – áreas mais criativas – podem usar roupas mais casuais.

Quando falamos em traje, a preocupação das empresas é sempre maior com a profissional feminina, com mais opções de escolha e sujeitas a modismos, que podem comprometer a discrição e dar oportunidade a exageros. Temos certeza de que você conhece alguém que é escrava da moda, a chamada "perua".

O mundo do trabalho tem seu próprio código visual. Simples, impecável e que deve ser respeitado não só no dia da entrevista, mas principalmente no dia a dia, quando em contato com clientes internos e externos. Vejamos em detalhes esse código, fundamentado em regras de higiene e asseio.

- Em qualquer ambiente de trabalho, na vida familiar e social, lembre-se de que você está em constante contato com outras pessoas. Banho é essencial para quem gosta de si e respcita o outro. Cheiro de suor é imperdoável, ainda que seja ao final de um dia estafante de trabalho, e pode ser resolvido com um bom banho pela manhã e outro ao chegar do trabalho, usando roupas sempre limpas e um desodorante antitranspirante e sem perfume.

- É preciso cuidado também com os perfumes fortes, que inundam o ambiente e chegam a dar dor de cabeça. O perfume é pessoal e convém usar lavandas ou perfumes suaves durante o dia. Deixe as fragrâncias fortes para a noite.

- Cabelos são considerados a moldura do rosto, tanto em homens como em mulheres. Devem estar sempre limpos, bem penteados, e com um corte prático, que valorize a fisionomia de cada um. Para as mulheres: cabelos compridos, volumosos e soltos devem ser evitados no trabalho; melhor é trazê-los presos ou semipresos, deixando o rosto mais aparente. Se tingidos, mantenha-os sempre em ordem, pois a raiz descolorida denota desleixo.

- Tanto homens quanto as mulheres devem cuidar das mãos e unhas, trazendo-as sempre limpas, cortadas e lixadas. Para os homens, não é necessário o brilho de um esmalte incolor. Sugerimos às mulheres usarem esmaltes de cor clara, pois disfarçam as irregularidades causadas pelo dia a dia.

- Barba sem fazer é desleixo. A imagem de *bad boy* não é recomendada para o ambiente de trabalho. Pelos saindo do nariz ou das orelhas demonstram desleixo, corte-os com uma pequena tesoura, sempre que necessário. A loção pós-barba deve ter a mesma fragrância da colônia e/ou do desodorante, se este for perfumado.

- É importante cuidar da pele, que deve ter boa aparência e viço. Limpe, tonifique e hidrate a pele antes da maquilagem e após a barba. Os produtos devem ser adequados ao seu tipo de pele: hidratantes em gel são mais indicados para pele oleosa e os cremosos, para pele seca. O bloqueador solar deve ser usado tanto por homens quanto por mulheres. Alguns produtos como cremes após barba e bases femininas já contêm fatores para a proteção da pele contra os raios UV.

- As mulheres podem usar, ao menos, um brilho ou batom discreto, pois demonstra feminilidade e compõe sua imagem no dia a dia. A maquilagem não é obrigatória, mas em determinados momentos é recomendável, como em eventos ou visitas a clientes, mas deve ser discreta e natural, adequada ao horário, à personalidade de quem a usa, ao tom de pele, à cor da roupa e ocasião. A base serve para disfarçar imperfeições e deve ser de um tom mais claro que o da pele. O blush realça os pontos fortes, ajuda a disfarçar os pontos fracos, dá luz e colorido às faces; deve ser de um tom mais escuro que o da pele. Lábios finos pedem batons de tons claros e brilho; lábios grossos, tons escuros ou cor de boca, sem brilho. Nos olhos, o rímel ou máscara de cílios e o lápis para contorno realçam e dão destaque ao olhar; durante o dia, as sombras devem ser discretas e sem brilho.

O guarda-roupa básico de trabalho

Trabalhando na área, ouvimos muitos casos de profissionais que, só depois da decepção de não terem conseguido a colocação almejada, foram entender a importância do traje na avaliação da entrevista de seleção. Muitas empresas exigem de seus funcionários, além da competência técnica, uma esmerada aparência, adequada à função.

Trajes femininos

Hoje é grande o número de mulheres dentro das organizações. A mulher pode dar margem a situações desagradáveis e embaraçosas, caso se apresente com trajes inadequados ao ambiente de trabalho, como roupas transparentes, brilhantes, com fendas e decotes exagerados ou de barriga de fora. Também não é local para exibição de tatuagens, piercings ou bijuterias extravagantes. Devem ser evitados os saltos demasiado altos, sandálias abertas demais ou rentes ao chão, mais adequadas a lugares e horários de lazer.

Quanto mais formal for o ambiente de trabalho, maior será a exigência de um traje apurado. Procure adquirir peças básicas (como blazers, terninhos, calças e saias elegantes, tailleurs) em tons neutros, como bege, preto, cinza, diferentes tons de azul e verde escuro, que, combinando entre si, podem formar diferentes composições. Os tecidos estampados ou de cores vibrantes, embora lindos e coloridos, são muito marcantes e cansam. São mais adequados para trajes casuais, mas podem ser usados combinando com peças de cores básicas e mais clássicas ou em acessórios, como lenços ou echarpes. Os vestidos podem deixar a mulher chique, sensual ou casual demais. O clássico tubinho, com ou sem paletó, e o chemisier são os mais apropriados para o trabalho.

Prefira saias e calças de cortes mais retos e clássicos. Evite tecidos com stretch, que marcam a silhueta e podem evidenciar as gordurinhas. Evite também as transparências, as lingeries coloridas e as alças de silicone, que parecem fitas adesivas coladas nos ombros.

Não se esqueça de que no ambiente de trabalho discrição é sinônimo de elegância. Use a imaginação ao montar seu guarda-roupa profissional, sem exageros nem caretice. Mantenha um aspecto jovial para melhor atender um público cada vez mais exigente.

Para escolher as peças que valorizem a sua silhueta o primeiro passo é conhecer seu corpo, seus pontos fortes e fracos. Nessa difícil tarefa, as máquinas fotográficas, os espelhos, programas de computador, e as filmagens nos ajudam. Respeite seu biótipo e acompanhe as dicas:

- *Mais volume no quadril*: se você é do tipo violão, isto é, possui quadril largo, tronco mais estreito e pouco busto, escolha roupas em tons escuros da cintura para baixo; saias e calças que não marquem a cintura e o quadril e ligeiramente mais estreitas nas pernas. Blusas, malhas e blazers devem cobrir o quadril, em tecidos flexíveis, de bom caimento. Prefira decotes em U ou em V, mas sem exageros, as golas normais ou em xale. Os ombros estruturados dão equilíbrio e os recortes verticais alongam a silhueta. O comprimento das saias deve ser na altura dos joelhos ou logo abaixo. Fuja de: saias e calças com cintura alta, com pregas na frente e com bolsos grandes e aparentes, tanto na frente como atrás; fusôs, leggings e calças com stretch; cintos e faixas que marquem a altura do quadril;

blusas por dentro de calças ou de saias; tecidos grossos, como veludos e brocados, estampados graúdos e cores claras.

- *Mais volume no tronco*: se você tem tronco largo, com busto grande, os truques são invertidos. Prefira tecidos flexíveis, em cores escuras e neutras, sem brilho e sem stretch, que disfarçam o tamanho e são mais confortáveis; abuse dos decotes V e U e recortes verticais; se você tiver pouco quadril e pernas finas, procure equilibrar seu visual usando calças mais largas e saias estampadas ou em tons pastel. Fuja de: blusas com gola rulê, echarpes com laços e decotes fechados; blazers com muitos botões ou blusas com cavas grandes; lapelas largas ou recortes abaixo do busto.

- *Mulheres volumosas*: se você está acima do peso ou tem biótipo grande, prefira trajes que acompanhem o formato de seu corpo, mas sem marcar suas formas. Fuja de: roupas em tecidos moles, tipo jérsei ou malha fria; roupas exageradamente largas, soltas ou apertadas demais; minissaias, shorts e bermudas curtas, especialmente se tiver pernas grossas.

- *Mulheres baixas*: prefira roupas em um só tom e padrão; tons escuros para calças e saias quando quiser usar dois tons; listras verticais e finas, recortes e detalhes verticais, que alongam a silhueta. Fuja de: listras horizontais; calças largas como as pantalonas, ou com barra italiana ou dobrada; saias rodadas; bolsas grandes; sapatos muito altos; cabelos muito longos.

- *Mulheres altas e magras*: se você é privilegiada, tem liberdade para usar detalhes horizontais e diferentes cores no mesmo traje. Mas, fuja de: roupas e meias em tons escuros e roupas apertadas.

Trajes masculinos

Nos dias atuais, de muita correria e estresse, há muitas empresas adotando o informalismo e permitindo que seus funcionários optem por trajes mais confortáveis e descontraídos. Ainda assim, é preciso usar o bom senso e manter um visual mais clássico, quando houver encontro com clientes externos, reuniões ou almoços de negócios. Nesses momentos, o uso do terno é o mais indicado para o profissional representar sua organização.

Saiba o que agride e o que usar.

- *Ternos*: prefira os de cores neutras (cinza, marinho, preto, bege, cáqui) e evite as cores extravagantes (roxo, verde); os de cores escuras podem ser usados durante o dia e à noite, mas os de cor clara, somente durante o dia; tecido risca de giz aumenta a estatura de quem o veste; o modelo jaquetão só fica bem cm homens altos e magros, e deve ser usado sempre com o paletó abotoado; os paletós de três e os de dois botões devem ser usados sempre com o último botão aberto; se você não está na sua melhor forma, prefira os de dois botões; nas regiões quentes, prefira os de lã fria ou os de fio 100, 150 ou 200.

- *Meias*: devem ser da cor do sapato ou da calça; as que têm um pouco de elastano na sua composição aderem melhor à perna; jamais use meias brancas com calça social ou sapato esporte, apenas com tênis ou se você for profissional da área de saúde, que utiliza calça e sapatos brancos.

- *Camisa*: caso necessite usar as de mangas longas, nos dias quentes escolha camisas de puro algodão; nos ambientes formais e com traje social, não as arregace; as de mangas curtas não devem ser usadas com gravata.

- *Gravatas*: prefira as coloridas, de estampas modernas que combinem com sua personalidade; as regimentais (listras em diagonal) são clássicas e elegantes, para todos os momentos; as de estilo mais arrojado podem ser usadas durante o dia; fuja das chamativas, com estampas exageradas ou com desenhos de animais ou personagens de *cartoons*.

- *Calças*: prefira as de cores escuras, com barra simples, que alongam a silhueta; homens baixos devem evitar a barra italiana.

- *Acessórios*: o prendedor de gravata, quando em moda, deve ser usado na altura do abdômen, a mais ou menos de 15 cm (um palmo) da ponta da gravata, que sempre deve tocar no cinto; use relógio, aliança se for casado ou noivo e uma bonita caneta; anéis e pulseiras poluem a imagem; opte entre cinto ou suspensório e nunca use os dois juntos; tatuagens e brincos não são bem vistos pelas organizações formais, assim como cabelos compridos e barbas exageradas.

- *Calçados*: os enfeitados, com muitos detalhes, não devem ser usados com ternos sóbrios; franjas e fivelas muito grandes são detalhes para complementos esportivos; os sapatos tipo mocassim, de gáspea alta e sola fina, são os mais sociais; o cinto deve combinar com os sapatos; mantenha-os sempre limpos e engraxados, pois do contrário interferem negativamente no seu visual.

Nomenclatura de trajes

TIPO	OCASIÃO	TRAJE MASCULINO	TRAJE FEMININO
ESPORTE	Reuniões ao ar livre; churrascos; passeios; compras; empresas informais.	Camiseta, camisa esporte de mangas curtas sem gravata. Jaquetas, malhas e moletons. Calças esportes, jeans. Dock sider, mocassim, tênis, sapatos esportivos.	Calça comprida, bermuda, saia. Blusas, malhas. Sapatos, sandálias, tênis. Bolsas esportivas acompanhando as tendências da moda.
ESPORTE FINO OU ESPORTE CHIQUE.	Encontros profissionais; ambiente de trabalho; jantar informal.	Blazer ou paletó esportivo, camisa lisa, listrada ou xadrez discretos. Gravata opcional que combine com o traje. Calça esporte. Sapato com cadarço ou tipo mocassim.	Terninhos, vestido, saia e blazer de cores diferentes. Sapatos, sandálias e bolsa de acordo com a roupa escolhida.

Tipo	Ocasião	Traje masculino	Traje feminino
Passeio simples ou "Tenue de ville"	Coquetéis ou jantares de lançamento; sessão não solene matinal; visita a clientes.	Terno padrão único ou calça e blazer (conforme tendências). Camisa branca ou listrada. Gravata. Sapatos pretos ou marrons, combinando com o traje.	Vestido, tailleur, terninhos. Pode-se incluir chapéu em casamentos matinais. Sapatos modelo escarpim ou chanel. Evitar bolsas muito grandes e esportivas.
Passeio completo ou recepção (traje social nomenclatura usada em convites)	Coquetéis; casamentos e festas à noite; inaugurações solenes; formaturas.	Terno padrão único, escuro. Camisa branca mais formal ou colorida em tom pastel. Gravata clássica, discreta, em tecido nobre. Meias e sapatos pretos.	Vestido, tailleur em tecidos nobres como tafetá, brocados, curtos ou longos. Sapato social, em pelica ou tecido, com salto. Bolsa pequena em couro, metalizada ou em tecido bordado.

Tipo	Ocasião	Traje MASCULINO	Traje FEMININO
Black tie (NOITE DE GALA)	Jantares e festas sofisticadas; recepções elegantes.	Smoking ou summer (a depender da época). Sapatos pretos.	Vestido ou duas peças longo, pantalonas, em tecidos nobres. Bolsas e sapatos como no traje anterior.

Uniformes

Ao andarmos pela rua, cruzamos com pessoas que, indo para o trabalho, conseguem nos dizer qual a empresa a que pertencem ou o que fazem através do seu visual.

Muitas empresas optam pelo moderno e motivador uso do uniforme como veículo de comunicação para seus clientes. O funcionário, assim, fica identificado com a cultura da empresa e assume com mais facilidade o papel que representa.

Se for o seu caso, lembre-se de que seu uniforme deve estar sempre impecável, limpo e bem passado. É claro que para um bom caimento, pode-se tornar necessário algum ajuste, mas não o personalize, acrescentando adereços, muito menos mexendo em sua estrutura ou design.

Postura corporal:
sua postura comunica quem você é

É importante lembrar o quanto a postura corporal ajuda na construção de uma boa imagem, quer estejamos de pé, andando ou sentados. A expressão corporal diz muito da pessoa e, com certeza, pode influenciar nos contatos pessoais, profissionais e sociais. Andar de ombros caídos e ar de desânimo destrói qualquer imagem.

A postura será tanto mais correta, quanto mais natural ela for. Procure distribuir o peso pelo corpo e não sobrecarregar apenas um lado. Imagine um fio passando pela coluna e saindo pelo topo da cabeça, mantendo seu pescoço alongado. Mentalize uma força central bem no meio do tórax com uma luz irradiando energia e força para seus membros. Caminhe de modo natural, com segurança e leveza, pisando com seus pés paralelos e inteiros no chão. Os braços devem permanecer junto ao corpo até a altura dos cotovelos. Os movimentos acompanham os das pernas e são executados, de maneira moderada, pelos antebraços e mãos que caem pendentes, naturalmente.

Evite mãos nos bolsos ao caminhar: em algumas culturas, como a alemã, esta é uma grande gafe. A mulher deve evitar movimentos muito intensos de quadril e ombros e o homem deve evitar manter os braços cruzados.

Sentar-se elegantemente e com a postura correta exige cuidados especiais e policiamento constante. Procure manter a coluna reta, apoiada no encosto da cadeira. Para trabalhar, as pernas ficam levemente afastadas, na linha dos quadris; os joelhos, flexionados em um ângulo de 90 graus; os pés, apoiados no chão.

Quem já não passou pelo constrangimento de ter que pedir socorro para levantar-se de uma cadeira ou sofá fofo e baixo? Para evitar essa situação embaraçosa, nunca se sente de qualquer maneira. Mantenha uma das pernas ligeiramente à frente, flexione ligeiramente o corpo e sente-se com a força das pernas. Caso o assento seja largo, apoie as mãos nele, suspenda as nádegas e sente-se confortavelmente, apoiando suas costas no encosto. Ao levantar, siga o mesmo procedimento, no sentido inverso: com a ajuda das mãos apoiadas no assento, erga as nádegas, sente-se na beirada do sofá e então, com a força das pernas, erga o corpo e levante-se de uma vez.

Dicas para as mulheres

As mulheres precisam de maior cuidado ainda, especialmente ao usarem saias. Para evitar situações embaraçosas diante de clientes ou colegas de trabalho, é preciso estar atenta à maneira de sentar-se: sempre de pernas fechadas. Cruzá-las na altura do joelho é uma postura muito informal, que pode deixar exposta uma grande parte da perna e, às vezes, até a roupa íntima. Isso acontece principalmente com mulheres de coxas grossas.

Uma mulher elegante e charmosa senta-se, adequadamente, de joelhos colados, deixando as pernas caírem naturalmente em ângulo reto, sem colocá-las debaixo da cadeira ou estendê-las para frente. Pode-se, ainda, passar uma perna por trás da outra, na altura do tornozelo. Em qualquer circunstância – sentada, andando ou em pé –, é fundamental segurar o abdome e manter a coluna reta.

Dicas para os homens

Ao sentar-se, o homem deve evitar puxar as pernas da calça para cima, para maior comodidade, pois comprometerá não só o bom caimento da calça, como também o charme masculino. Cuidado para não abrir exageradamente as pernas, incomodando quem está ao lado, principalmente nos transportes públicos. Coluna ereta e ombros abertos compõem a boa postura.

Posição das mãos

Ao sentar-se, o homem deve deixar as mãos apoiadas sobre as pernas de maneira natural, evitando apoiá-las nos braços da cadeira. A mulher, quando de pernas cruzadas, o mais cômodo e harmonioso é deixar as mãos apoiadas no colo do lado contrário ao das pernas, pois perceberá maior comodidade e equilíbrio.

Em pé, na posição mais clássica, os braços caem naturalmente na lateral do corpo ou com as mãos se entrelaçando à frente, abaixo da cintura. Evite manter os braços cruzados na altura do peito, pois passa a ideia de bloqueio na comunicação ou nas costas, escondendo as mãos, pois não passa segurança. A mulher pode colocar as mãos uma sobre a outra, na altura da cintura, de maneira relaxada, conservando os cotovelos sempre próximos ao corpo. Também confortável e elegante é deixar um braço reto pendente, seguro na altura do punho pela mão contrária.

Posição das pernas

Em pé, procure distribuir o peso do corpo nas duas pernas para manter uma postura saudável e elegante, sem se encostar em paredes, móveis etc. Os homens devem permanecer com os pés paralelos, ligeiramente abertos; as mulheres, sempre com os joelhos unidos, principalmente quando estiverem de saias.

Expressão corporal

Gesticular incessantemente enquanto fala é desnecessário e deselegante. Gestos repentinos, bruscos, nervosos são contrários à discrição, bem como falar alto demais, que indica desequilíbrio emocional.

Alguns gestos devem ser evitados, quando se quer passar uma boa imagem, tais como: torcer as mãos, morder os lábios, coçar a cabeça, mascar chiclete, roer unhas, sentar-se e levantar-se continuamente, mexer constantemente nos cabelos ou passar a mão frequentemente pelo rosto. Alguns desses gestos são feitos de forma inconsciente, mas demonstram nervosismo, insegurança, por isso, mantenha o foco e o autodomínio.

Relações humanas harmoniosas: ferramentas poderosas para uma comunicação eficaz

Muitas empresas modernas, preocupadas com a qualidade de vida de seus funcionários, conferem-lhes alguns benefícios, como:

- academia, para estimulá-los à atividade física e diminuir o estresse;
- creches para as crianças;
- cursos ou ajuda de custo para atualização, especialização ou aprendizado de outras línguas;
- restaurantes, com várias opções de cardápios;
- salas para descanso, com TV, biblioteca;
- almoços e jantares de confraternização, a fim de promover maior entrosamento entre equipes e departamentos;
- programa de visita de familiares à empresa para conhecerem o ambiente de trabalho;
- plano de carreira aos funcionários interessados em aperfeiçoamento técnico;

- treinamentos e palestras, com temas variados;
- participação nos lucros e salários indiretos.

Sem dúvida, esses incentivos são positivos, aumentam a produtividade e estimulam o crescimento holístico (corpo, mente e alma) dos funcionários. Mas, a contrapartida, ou seja, o comprometimento das pessoas no desenvolvimento de projetos, visando atingir os objetivos propostos, é essencial.

Relações humanas no trabalho

O ser humano, para se sentir feliz e valorizado, precisa se desenvolver em todas as dimensões: física, espiritual, emocional, intelectual, familiar, social, profissional, recreativa e financeira. Isso não é simples e exige introspecção profunda e sincera avaliação de sentimentos, atitudes e comportamentos.

É preciso conscientizar o indivíduo a mudar suas atitudes para conseguir as transformações necessárias na família, na empresa e na sociedade. Toda mudança exige comprometimento e só muda, realmente, quem de fato acredita na proposta.

Relações interpessoais: como conviver com as diversidades?

Em qualquer lugar que se esteja – na rua, no saguão de um teatro ou cinema, num estádio, num restaurante

– pode-se observar os outros e perceber como as pessoas são diferentes em tudo: na cor de pele, nos cabelos, na altura, no físico...

Numa observação mais detalhada, pode-se notar que as pessoas diferem, também, no comportamento. Algumas aparentam tranquilidade; outras se mexem o tempo todo, olham para os lados, demonstrando inquietude. No trabalho, as diferenças ficam mais evidentes, pois convive-se diariamente com as mesmas pessoas.

Como são? Que cargos ocupam? Qual a crença? Qual o nível de instrução? Qual a origem? São todos da mesma nacionalidade? Chegamos à conclusão de que são muitas as diferenças, decorrentes da história pessoal de cada um.

Quanto à rotina de trabalho, há dias que passam tranquilos, mas há outros em que parece que "a bruxa está solta". Basta um colega chegar de mau humor para contagiar o ambiente. Por que isso acontece? Porque as pessoas são instáveis e, geralmente, não as conhecemos o suficiente para lidar com as diferenças.

Para melhorar a sua interação com os demais, comece fazendo uma autorreflexão: "Como eu sou? Como o meu colega me vê? Como me relaciono com as pessoas dentro e fora do meu setor? Sei lidar com as diferenças ou sou preconceituoso? Reajo de forma explosiva ou ponderada aos imprevistos? A minha conversa com os colegas gira em torno de fofocas ou de assuntos pertinentes ao bom desempenho da equipe?".

É preciso saber observar, sentir e respeitar as pessoas ao nosso redor, desde os tímidos aos extrovertidos, bem como os mais explosivos. Essas ponderações servem apenas para conhecê-las melhor e a si mesmo, jamais para criticá-las ou para torná-las alvo de comentários negativos ou fofocas.

Diz o provérbio popular: "Como a vida é curta e não podemos aprender tudo, aprendamos com o erro dos outros". Quando a pessoa se conhece bem, reconhece seus pontos fortes e suas falhas, consegue lidar com mais tranquilidade ao receber elogios e críticas, não deixa a autoestima ser abalada, demonstrando maturidade.

O relacionamento profissional é uma das principais preocupações das empresas, pois quanto melhor for a relação entre os funcionários, maior será a motivação e, consequentemente, a produtividade. Esses são, portanto, os grandes objetivos: produtividade e resultados. Com o comprometimento de cada membro, há maior engajamento entre as equipes, a comunicação melhora e surgem maiores oportunidades de crescimento pessoal e profissional – fatores fundamentais para a melhor qualidade do produto ou serviço.

A situação contrária, ou seja, a falta de compromisso, que se traduz em frases do gênero: "Isso não é problema meu", gera prejuízos à imagem da pessoa e da empresa. Para ilustrar essa atitude, tão comum ao ser humano, transcrevemos um trecho do livro de Marcelo Aidar Marinho, que se intitula "As quatro pessoas":

> Era uma vez quatro pessoas que se chamavam "Todomundo", "Alguém", "Qualquerum" e "Ninguém". Havia um importante trabalho a ser feito e "Todomundo" acreditou que "Alguém" iria executá-lo, mas, "Ninguém" o fez. "Alguém" ficou aborrecido com isso, porque entendia que sua execução era responsabilidade de "Todomundo". "Todomundo" pensou que "Qualquerum" poderia executá-lo, mas não imaginou que "Ninguém" o faria. Final da história: "Todomundo" culpou "Alguém" quando "Ninguém" fez o que "Qualquerum" poderia ter feito.[1]

Em nossos treinamentos, costumamos dizer que o bom relacionamento faz bem a todos, tanto no ambiente profissional quanto no social ou familiar. No entanto, qualquer aprendizado técnico, como o de línguas estrangeiras ou de matemática financeira, é bem mais fácil do que aprender a se relacionar com pessoas, devido à complexidade do ser humano.

---

[1] MARINHO, Marcelo Aidar. *Qualidade humana*: as pessoas em primeiro lugar.

Lembre-se: corrigir maus hábitos comportamentais não é só agir de modo educado em determinados momentos. Requer um investimento pessoal e diário, constante autoanálise e respeito mútuo. Cuidar de si mesmo, com certeza, o fará sentir-se mais feliz e comportar-se de melhor forma com os demais, mas, para que isso aconteça, é preciso querer.

Sem dúvida, uma convivência mais saudável nasce de pequenos atos. Inicie com as palavras mágicas. Cumprimente as pessoas ao encontrá-las, peça "licença" quando ultrapassar alguém andando na rua, na escada, ao entrar ou sair de uma sala; antes de pedir uma informação ou solicitar algo a alguém diga "por favor" e agradeça sempre.

Preconceito, para quê?

A população brasileira é formada por várias etnias. Conhecê-las e saber respeitar as diferenças culturais de outros povos que para aqui imigraram, assim como as características regionais de nosso país, ajuda-nos a aceitá-las como fato cultural.

Cada etnia tem suas regras de comportamento. Quando assistimos a um jornal na televisão, podemos observar que, entre alguns povos, até a maneira de se cumprimentar é diferente da que usualmente fazemos. Os russos, por exemplo, cumprimentam-se com beijos no rosto; os japoneses não se tocam, apenas fazem o nuto, ou seja, curvam-se um diante do outro; os esquimós se apresentam roçando os narizes.

Devemos evitar o etnocentrismo – a tendência de considerar a cultura de seu próprio povo como a medida de todas as demais. É muito desconcertante ouvir comentários depreciativos sobre as características de determinado povo, pois cultura não se critica, se respeita. Por isso, antes de uma viagem de negócios ou de turismo é importante conhecer quais são as diferenças que existem em relação ao povo que será visitado. O executivo, ao saber como se relacionar melhor com os estrangeiros, certamente obterá maior proveito nos negócios; o turista aproveitará melhor a viagem, pois estará mais aberto ao aprendizado e ao entrosamento com os nativos. Além das diferenças culturais, devemos respeitar também as diferenças de sexo, cor e religião.

Para melhorar seu ambiente de trabalho

Antes de criticar seus colegas ou seu ambiente de trabalho, pare por alguns instantes e reflita sobre o seu próprio comportamento.

- Quando você chega ao seu setor cumprimenta com um "bom-dia" geral, de forma que todos possam ouvi-lo?

- Cumprimenta de maneira particular as pessoas que trabalham mais próximas a você?

- Você é do tipo discreto e observador ou mais expansivo? E seus colegas? Sabe o que eles pensam sobre você? E o que pensa das pessoas a sua volta? Relaciona-se com todos ou apenas com as pessoas que passaram no seu teste de qualidade?

- Você procura influenciar os demais, comentando acerca dos julgamentos que faz?

Através de suas respostas às perguntas acima, você pode começar a se conhecer melhor, fazer uma autoanálise e verificar se está ou não prejudicando seus relacionamentos interpessoais com sua maneira de ser.

Atos e atitudes civilizadas

Uma pessoa educada é reconhecida por seus gestos delicados em situações cotidianas, praticados com naturalidade e muitas vezes percebidos apenas pela pessoa que é alvo da atenção.

Dá para esperar?

Já aconteceu de você estar aguardando o elevador ou a chegada do trem do metrô e ser atropelado por pessoas que chegam correndo e querem entrar antes das que estão dentro consigam sair? Pessoas assim parecem desconhecer não apenas os bons modos, mas também a lei da Física, segundo a qual dois corpos não podem ocupar o mesmo espaço.

Na pressa do dia a dia, muitas vezes nós também nos esquecemos de ser polidos por simples falta de tempo. Seguindo a regra, que é em si lógica, a prioridade é sempre de quem está saindo. E, em qualquer situação, a prioridade é dos mais velhos, das pessoas com deficiência, das mulheres e das crianças.

Transportes públicos

Os meios de transporte públicos, nos grandes centros, estão cada dia mais cheios. Isso se deve ao grande número de passageiros e ao número insuficiente de coletivos. Paralelamente, há o problema da falta de acessibilidade a idosos e pessoas com deficiência e o desrespeito de alguns motoristas, que não param o coletivo ou param longe do meio-fio, e de alguns passageiros, que ocupam os assentos destinados a esse público.

É importante observar as indicações e as regras de circulação dentro dos coletivos e das estações, pois elas têm por finalidade garantir a fluidez do trânsito de pessoas e os direitos individuais. Se todos obedecerem, haverá mais respeito, menos estresse e nos transformaremos em cidadãos mais educados.

- Em trem ou metrô: na plataforma, observe as setas indicando o lado da porta pelo qual se deve entrar; dentro do vagão, posicione-se no lado correto da porta para sair.

- Em transportes coletivos em geral: deixe as portas livres, facilitando a passagem das pessoas; respeite os assentos destinados a idosos, gestantes e pessoas com deficiência; ceda o lugar a pessoas com mais dificuldades do que você; respeite para ser respeitado.

Lanchonetes e cafés

Nada pior do que entrar numa lanchonete ou num café e deparar-se com uma muralha que o impede de chegar perto do balcão, não é? Há pessoas que dão a impressão de que estão sozinhas no mundo, que não se importam com os demais... Isso também é falta de educação e de cidadania.

Demonstre sua boa educação procurando um lugar mais tranquilo para tomar seu café ou lanche e deixando o balcão livre para o atendimento ao próximo cliente. Em praças de alimentação de shopping centers e lanchonetes muito movimentadas, ao levantar-se deixe o local limpo para quem chegar depois de você.

Sanitários

É difícil encontrar limpos os sanitários de uso público, em aeroportos, shopping centers, rodoviárias, restaurantes, bares, danceterias, parques e clubes. Isso se dá em virtude do intenso entra e sai de pessoas, mas também pela falta de modos de seus usuários. Mesmo quando há número suficiente de faxineiros, o desrespeito parece ser sempre maior.

Comporte-se como se estivesse em sua casa e pense sempre que depois de você outras pessoas vão utilizar o recinto: dê a descarga; jogue o lixo no local indicado;

respeite o meio ambiente e evite o desperdício de água, sabão ou papel; cuide para não sujar o chão; recolha seus cabelos que caíram na pia; não pratique atos de vandalismo, como riscar portas ou paredes.

Espaços públicos

Vias públicas

A quantidade de lixo que as pessoas jogam na rua é proporcional ao seu grau de cidadania. Infelizmente, no Brasil a população não se dá conta de que a rua é uma extensão de sua casa.

Enquanto aguarda o ônibus ou mesmo no trânsito, observe a sujeira ao seu redor: papéis de bala, bitucas de cigarro, embalagens vazias e toda a sorte de objetos jogados na via pública, mostrando a falta de educação do brasileiro. Os recipientes de lixo, além de insuficientes, são depredados. E, então, quando chove, o lixo obstrui bueiros e córregos, provocando enchentes e prejuízos materiais para a própria população.

Seja um cidadão consciente: se não encontrar um local adequado para descartar seu lixo, leve-o consigo até sua casa. Faça a sua parte, dê o exemplo e, na medida do possível, converse com as pessoas, incentivando-as a fazerem o mesmo.

Trânsito

A vida é um dom precioso e protegê-la é dever de todos. No espírito de cooperação e educação, cabe aos motoristas respeitar a faixa de pedestres e aos pedestres, utilizá-las de acordo com a sinalização.

Quando estiver dirigindo, preocupe-se consigo mesmo e com os demais, assumindo uma direção defensiva. Não vale a pena arriscar-se para ganhar uns minutinhos e perder a vida. Aos motoqueiros, um lembrete especial: não circulem pelas calçadas ou em espaços estreitos entre os carros.

Estacionamentos

Atualmente há leis que determinam a reserva de vagas para estacionamento de veículos de idosos e pessoas com deficiência em shopping centers, supermercados e até mesmo nas vias públicas. Essas vagas não devem ser usadas pelos demais usuários nem por "um minutinho", pois também se trata de respeito ao outro e de princípios de cidadania, além de ser passível de multa.

Praças e parques

As praças e os parques são espaços públicos, frequentados por crianças, famílias e esportistas. Também são usados pelos donos de animais de estimação, que os levam para tomar sol e exercitarem-se. Mas, conforme a lei e para evitar acidentes, ao serem conduzidos em locais públicos, eles precisam usar coleira e guia, e estar com focinheira, dependendo da raça. Suas fezes devem ser recolhidas, para não atrair insetos, evitar doenças e manter a limpeza.

Amar animais é louvável, mas é preciso saber respeitar o espaço público e aqueles que não gostam de conviver com eles.

Patrimônio público

Cuidar do patrimônio público é questão de cidadania. As estátuas, fontes e outros monumentos, que homenageiam personalidades ilustres ou fazem referência a datas históricas da Nação, são obras de arte e precisam ser respeitadas.

A pichação, o abandono e a depredação do patrimônio público são reflexos da falta de cultura e de educação de um povo. Precisamos entender que todos os problemas da cidade são coletivos e se cada um fizer a sua parte, cuidando do que é de todos, com certeza teremos uma cidade mais limpa, bonita e mais humana, onde todos viverão muito melhor.

Filas

Ser obrigado a enfrentar filas, em bancos, cinema, supermercado, é muito desgastante, mas ruim mesmo é quando alguém passa a sua frente. Também é profundamente irritante quando carros param em fila dupla, atrapalhando o fluxo do trânsito.

Lembre-se sempre: "Ser cidadão é ser educado, antes de tudo". Os pais devem ensinar seus filhos e dar o exemplo!

Calçadas e escadas

Ao andar apressadamente, tome cuidado para não esbarrar em outros transeuntes. Peça licença, desculpe-se caso provoque incômodo. Pessoas idosas ou com dificuldades de locomoção devem procurar andar próximas à parede dos imóveis, para a própria proteção e para facilitar a circulação dos demais. Não pare nas escadas e mantenha-se à direita, deixando a esquerda livre para as pessoas que têm pressa.

São regras simples, que demonstram respeito pela necessidade dos outros sem comprometer sua individualidade. Exercitar a cidadania torna a vida simples e menos estressante para todos.

Estradas

Imagine uma latinha de refrigerante sendo atirada da janela de um ônibus na estrada. Caso atinja o vidro de um carro, o motorista pode, pelo susto do impacto, perder a direção e gerar um grave acidente. Da mesma forma, pontas de cigarro atiradas pela janela de veículos podem dar origem a queimadas e, além do dano ao meio ambiente, prejudicar a visibilidade e provocar engavetamentos.

Além de ser uma infração, é grande o desrespeito de quem trafega pelo acostamento em dias de congestionamento. Ao fazer-se de esperto, o motorista pode provocar sérios acidentes, ferindo-se e ferindo outros que, por necessidade, estão nesta parte da pista reservada a pedestres e paradas de emergência.

Acima de tudo, lembre-se: bebida não combina com direção!

Uma pausa para a reflexão

- Você, pedestre, agradece ao motorista que lhe dá a preferência para atravessar a rua?

- E você, condutor, agradece a quem lhe permite fazer uma conversão?

- Ao pedir uma informação, você tem o hábito de usar a palavrinha mágica "por favor"?

- Alguém já o fez sentir-se invisível, por não cumprimentá-lo ao entrar no elevador?

Em lojas e balcões de informação, você cumprimenta e olha nos olhos do atendente que lhe oferece ou a quem solicita ajuda?

São situações do cotidiano, para as quais basta um sinal com a cabeça, um aceno, até um sorriso, um simples "obrigado" em sinal de agradecimento ou como gesto demonstrando educação para surpreender-se com o resultado positivo.

Saber comportar-se socialmente conta pontos

Mesa: ponto de encontro social e profissional

Toda confraternização se faz ao redor da mesa, o ponto de encontro nas comemorações familiares, profissionais e sociais.

Para se estar realmente à vontade, natural e seguro nesses encontros quanto ao uso correto de talheres e copos, sobre os quais falaremos a seguir, mais do que conhecer as regras é preciso saber colocá-las em prática. Os bons hábitos gradualmente são incorporados à personalidade e não haverá mais motivos para preocupações.

Arrumação

Sentar-se a uma mesa bem arrumada é muito prazeroso. Mesmo morando sozinho, prepare para si um espaço agradável para fazer suas refeições, pois isso demonstra autoestima e autovalorização.

Uma mesa bem posta facilita o serviço e contribui para o bem-estar e tranquilidade de quem se alimenta. Acompanhe, a seguir, algumas dicas bem simples:

- Para conservação da mesa é sempre adequado colocar um forro de proteção (de moletom ou feltro) por baixo da toalha, que fica mais bonita quando tem uma caída de 25 a 30 cm de cada lado.
- Os jogos americanos são práticos e podem ser uma boa opção.
- Distribua os lugares à mesa levando em conta um espaço de 50 a 70 cm entre um lugar e outro.
- No café da manhã, coloque o prato de sobremesa no centro de cada lugar, o pires com a xícara à direita e um pouco mais acima do prato; a colher de café fica no pires, a colher e a faca de sobremesa ficam à direita e o garfo à esquerda do prato; o copo de suco fica acima do prato.
- Em um almoço ou jantar, os sousplats (prato maior, de materiais diversos, como inox, prata, palha, cerâmica, madeira, que são colocados embaixo do prato principal) não são obrigatórios, mas além de embelezar, protegem a mesa. Os pratos devem ficar um pouco afastados da borda para não tocar nas pessoas. O prato de sopa (fundo) é colocado sobre o raso.

- Os guardanapos ficam à esquerda do garfo ou dentro do prato.

- Os talheres também ficam afastados da borda da mesa na mesma distância em que foi colocado o prato. Os garfos ficam à esquerda, sendo que o de carne é o que fica mais próximo do prato, seguido pelo de peixe. As facas ficam à direita, e mais uma vez, a de carne, mais próxima do prato e ao lado dela a de peixe. Um lembrete: o lado do corte da faca fica voltado para o prato. Se houver sopa, a colher fica do lado direito, antes da faca de peixe. Os talheres de sobremesa podem vir à mesa junto com a sobremesa ou ficam acima do prato: o garfo com o cabo voltado para a esquerda (na posição de pegá-lo com a mão esquerda); a faca e a colher com os cabos voltados para a direita. Os talheres são dispostos de acordo com o cardápio que será servido, começando de fora para dentro, tendo como referência o prato.

- Para os copos e taças, a regra é usar o tamanho maior para o líquido que será ingerido em maior quantidade. Portanto, a taça ou copo maior é para a água; a taça média é para o vinho tinto e a menor para o vinho branco. A colocação das taças à mesa começa pela de vinho tinto, que fica na direção da faca de carne; acima dela fica a de água e abaixo, a de vinho branco, dispostas na diagonal. Se for servido champanhe ou espumante, a taça fica atrás daquelas de água e de vinho tinto, formando um triângulo. Todos os copos ficam do lado direito do comensal, pois é com a mão direita que os pegamos.

- Ao lado esquerdo, coloca-se o pratinho de pão, diante dos garfos, e sobre ele uma faca pequena ou espátula para manteiga ou patê.

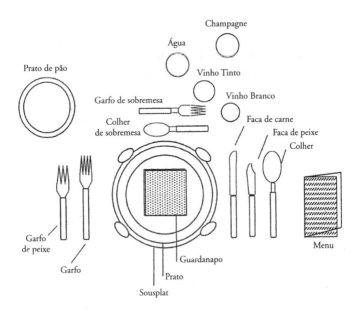

Postura

A postura ao sentar-se à mesa deve ser sempre observada: coluna ereta, punhos tocando a mesa (sempre), meio dos antebraços tocando a mesa (às vezes), cotovelos à mesa (nunca). Mantenha os braços junto ao corpo, para não incomodar quem se senta ao lado.

Tanto para mulheres, quanto para homens, é desaconselhável cruzar as pernas na altura dos joelhos. Atrapalha a postura e contrai o abdômen. O mais indicado é mantê-las paralelas ou cruzadas no tornozelo.

Comportamento

Sentado, visualize pratos, copos e talheres colocados à sua frente.

Coloque o guardanapo no colo, dobrado em forma de retângulo. Se cair, não é necessário pegá-lo: chame o garçom e peça outro.

Limpe os lábios antes e após levar o copo à boca, para evitar manchá-lo de gordura e que escorra líquido pelos lábios. Sorva os líquidos sem fazer barulho.

Observe a ordem do uso dos talheres, sempre começando de fora para dentro, tendo como referência o prato, como já citado. Segure os talheres mais na sua extremidade, pois é mais elegante e evita que os dedos encostem nos alimentos. A faca, na mão direita, corta os alimentos e serve de anteparo ao garfo, com o cuidado de não fazer montanhas sobre ele.

A atenção ao comportamento se faz muito mais necessária nos relacionamentos profissionais. Lidar com os diferentes tipos de alimento de forma prática e com segurança requer naturalidade e desenvoltura. Evite que os olhos se fixem no prato, esquecendo-se da pessoa que está à sua frente. Colocar porções pequenas na boca facilita a mastigação rápida e a conversa fica mais ágil, evitando longas pausas antes da resposta ou o risco de falar de boca cheia. As folhas das saladas não devem ser cortadas, mas dobradas em forma de trouxinhas.

Almoços de negócios

No horário de almoço, os restaurantes dos grandes centros comerciais costumam ficar lotados de executivos. Como nesse momento é grande a proximidade entre as pessoas, comporte-se de maneira segura e adequada à mesa. Qualquer deslize será percebido, maculando seu marketing pessoal.

Bons negócios também são fechados durante o almoço: é hora de impressionar, ganhar o cliente, o que exige tato para deixar boa impressão. Ainda que não haja tempo para grandes preparativos, conhecer restaurantes mais adequados a almoços de negócios e ao grau de formalidade de seu convidado é primordial. Prefira um ambiente agradável, sem se passar por esnobe.

O anfitrião deve garantir a reserva, para não correr o risco de que seu convidado seja obrigado a esperar para ser atendido. A localização da mesa também é importante para que tudo flua com naturalidade, então prefira mesas distantes da porta, dos lavabos e da cozinha. É bom conhecer o cardápio com antecedência, ter alguma ideia das preferências do convidado, inclusive se tem alguma restrição alimentar, e fazer algumas sugestões, para não desviar o foco do encontro. Quando não se conhece o cliente, o mais acertado é evitar os restaurantes típicos, sendo mais recomendados os restaurantes de cardápio internacional, onde a escolha é livre. Quando se trata de almoço ou jantar de negócios, a atenção ao cliente conta pontos.

A cena de tirar o paletó não é das mais elegantes. Se ao entrar no restaurante estiver vestindo-o, continue com ele; se estiver levando-o no braço, peça uma cadeira ao garçom e o coloque dobrado no encosto ou sobre o assento – não transforme a cadeira em pinguim, vestindo-a com seu paletó.

Se possível, procure chegar um pouco antes do horário marcado para conferir a posição da mesa e acertar a forma de pagamento, principalmente se quem convida for uma mulher e o cliente um homem. Recomenda-se que o pagamento seja efetuado direto no caixa, para evitar situações constrangedoras. Enquanto aguarda seu convidado, prefira bebidas não alcoólicas.

Durante o encontro, desligue o celular. Caso esteja aguardando uma ligação realmente importante, deixe o aparelho no modo silencioso e avise o convidado. Ao atender, seja discreto e o mais breve possível.

Reuniões sociais

Quando se trata de um encontro social, o tempo para pensar nos detalhes é maior. É importante preparar a lista de convidados de acordo com o espaço disponível e escolhê-los com cuidado – pessoas que mesmo não se conhecendo tenham interesses em comum, assim os grupos logo conseguem se entrosar, deixando o anfitrião livre para circular e dar atenção a todos. Os auxiliares que trabalharão no evento deverão estar a par de todos os detalhes.

A época do ano conduz à escolha do cardápio mais apropriado: alimentos fortes, tipo feijoada e dobradinha, devem ser evitados no alto verão; já no inverno, os pratos mais condimentados ajudam a aquecer. É preciso cuidado com o orçamento, deixando sempre alguma reserva para imprevistos. No mais, é preparar o evento com carinho e desfrutar da companhia dos amigos com alegria e descontração.

Encontros pessoais em restaurantes

Ao encontrar amigos ou familiares em restaurantes, seja discreto. Não faça alarde ou vá até a mesa cumprimentá-los. Demonstre que os viu, com um aceno e um sorriso, pois pode ser incômodo para quem está comendo. Se a situação for inversa, a dica para evitar o aperto de mão é levantar-se segurando o guardanapo.

Por mais informal que seja o ambiente, convém ter atenção ao levar crianças a restaurantes e evitar que elas corram e gritem por entre as mesas, para não incomodar as pessoas.

Hoje em dia é muito comum que casais e amigos dividam a conta, mas cada um deve assumir a cota equivalente ao que consumiu, para não ser injusto, pois há pratos mais caros que outros; uns tomam vinho, outros não; uns aceitam e outros declinam da sobremesa.

Em uma mesa grande é difícil conversar em tom baixo. Porém, é preciso respeitar os outros e reconhecer que determinados assuntos ou piadas só interessam ao grupo e não às mesas vizinhas.

Se for necessário reclamar de algo, faça-o discreta e educadamente ao garçom ou, preferencialmente, ao *maître*, o qual estará sempre de terno escuro ou smoking.

Confraternizações na empresa

Em momentos mais descontraídos, porém ligados à vida profissional, como confraternizações de final de ano, festas, jantares ou coquetéis nas empresas, as atitudes menos policiadas podem beirar o exagero. Esteja atento:

- Saber vestir-se para um evento social em âmbito profissional exige muito bom senso. Prevalecem as regras do ambiente de trabalho somadas ao traje exigido no convite.

- Seja pontual: é uma questão de respeito e educação, e neste caso também de profissionalismo.

- Desvie de assuntos polêmicos, tais como política, futebol, religião e fofocas. Atualize-se com o que acontece no Brasil e no mundo.

- Evite bebidas em excesso para dispensar explicações no dia seguinte. A bebida libera sentimentos e emoções que, em estado normal, a pessoa não arriscaria a expor.

- Seja polido.

- Em grandes confraternizações, se a conta for dividida igualmente pelo número de pessoas, é uma tremenda falta de educação dar uma de "esperto", pedindo pratos e bebidas caros e elaborados. O mais correto é ser moderado e evitar as extravagâncias.

Um pouco sobre vinhos

"Deus criou a água, o homem, o vinho", escreveu Victor Hugo.

Segundo pesquisas, ano a ano, a produção nacional e o consumo de vinho no Brasil são crescentes. A qualidade do vinho nacional também tem conquistado ótimos patamares. Em todo caso, há um ditado popular muito verdadeiro que diz: "O melhor vinho é aquele que a gente gosta".

Respeitando a tradição e a experiência de enólogos e apreciadores desta antiga bebida, aconselha-se que os vinhos brancos sejam resfriados à temperatura de 6º a 12º C e acompanham crustáceos, peixes, queijos suaves e molhos brancos. Os vinhos tintos acompanham carnes vermelhas, caças, queijos fortes, molhos picantes e bacalhau; os mais leves devem ser servidos resfriados de 14º a 16º C e os mais encorpados, à temperatura ambiente. No verão, os mais recomendados são vinhos brancos e tintos leves; para o inverno, um tinto mais encorpado pode ser uma boa opção. No entanto, essas regras não são rígidas.

Lembretes:

- Falando a respeito de vinhos, lembre-se que ele é *produzido* e não fabricado.

- Para resfriar o vinho, evite usar o congelador e prefira a geladeira ou um balde de gelo.

- Para abrir a garrafa, use uma faca pequena apoiando-a na reentrância da garrafa, corte e retire a tampinha de chumbo (não retire a tira que envolve o gargalo) e então use o saca-rolha.

- As taças têm formatos diferentes para realçar as características próprias de cada vinho. Elas devem ser servidas até ¾ do volume, deixando espaço para a evolução do aroma.

- Champanhe é um vinho espumante produzido na região de Champagne-Ardenne, no nordeste da França.[1] Ao referir-se a ele fale, portanto, no masculino. Pode acompanhar toda a refeição, da entrada à sobremesa, com o cuidado de usar o mais seco (*brüt*) para os pratos principais e o mais doce para a sobremesa.

- Todos os vinhos podem ser bebidos a qualquer hora e não apenas às refeições.

---

[1] É atribuído aos romanos o plantio das vinhas na região. Nos idos de 1670, houve uma revolução na produção da bebida promovida pelo monge beneditino Don Perignon quando este descobriu os cinco elementos essenciais à produção do champanhe: mistura de diferentes vinhos, separação e prensagem em separado das uvas pretas, o uso de garrafas de vidro mais espesso, uso das rolhas de cortiça e a escavação de profundas adegas. O champanhe é conhecido como "o vinho dos reis" por ser servido nas comemorações da coroação de quase todos os reis franceses na cidade de Reims. Conforme o teor de açúcar adicionado para a segunda fermentação o champanhe é classificado em *doce, meio seco, seco, extra seco, bruto* e *extra bruto*. Outra classificação importante é a da qualidade do vinhedo de onde provém a uva: cada região é chamada de cru. (Fonte: *Wikipedia*. Disponível em: <www.wikipedia.org/wiki/champagne>).

- A garrafa deve ser armazenada na horizontal, para que a rolha não seque, em lugar seco, sem luz nem vibração.

Segundo Benjamin Franklin, "O vinho é uma prova constante de que Deus nos ama e adora ver-nos felizes". O tempo apura o paladar, mas há livros e cursos que podem ajudar, se você quiser conhecer mais a respeito dessa bebida milenar.

Coquetéis

Vamos abrir este assunto relembrando alguns detalhes sobre convites. Quando se recebe um convite para qualquer evento é sempre simpático responder ao anfitrião, mesmo que não conste o RSVP ou o pedido de confirmação de presença. Com certeza, você será lembrado da próxima vez.

Observe se o convite determina hora para o evento começar e terminar. Nos coquetéis de cunho profissional, circule, converse e faça contatos com discrição. Tome cuidado com o traje e chame atenção de forma positiva.

O *coquetel party*, marcado geralmente para o início da noite, é um coquetel mais informal. A pontualidade, porém, é importante, pois se trata de um evento rápido, como uma inauguração ou um lançamento de álbum ou livro, cuja participação muitas vezes se resume a cumprimentar brevemente o anfitrião, especialmente se ele estiver sendo entrevistado ou autografando sua obra. Nesse dia, portanto, lembre-se de ir para o trabalho com um traje adequado, pois nem sempre sobra tempo de passar em casa para uma troca de roupa.

Como diz Marcelino de Carvalho, é o "Coquetel dos quatro S": surgir, sorrir, servir-se e sair. Mas pode ser uma boa oportunidade para reencontros, apresentações, ampliação da *network* e troca de cartões. Todos se veem e circulam, há poucos assentos, canapés e drinques descontraem o ambiente.

Ao se servir dos petiscos oferecidos pelos garçons, pegue o guardanapo com uma das mãos e com a outra retire o petisco diretamente da bandeja. O guardanapo serve de anteparo para evitar que migalhas caiam na roupa ou no chão, para limpar os lábios e as pontas dos dedos. Seja comedido, não pegue mais de uma unidade de cada vez, e guardar na bolsa para levar para casa nem pensar! Se o petisco for de tamanho pequeno, pode ser colocado inteiro na boca. Seja moderado também no consumo de bebidas e, se estiverem geladas, mantenha um guardanapo junto ao copo para conter a umidade.

O *coquetel souper* tem início por volta das 20 horas e segue noite adentro, sem hora para acabar. Usado para casamentos e confraternizações, além dos petiscos é servido um prato quente.

Como no *coquetel party*, nem sempre há assentos para todos. Sendo assim, os aparadores ou cômodas *buffets* são usados para apoio. O prato quente é servido pronto e normalmente dispensa o uso da faca, facilitando a refeição de quem está de pé ou sentado com o prato no colo.

O *coquetel buffet*, dentre os coquetéis, é o único que dispõe de lugares para todos se sentarem. É muito usado nas recepções de casamento, nas confraternizações de empresas, nas comemorações de 15 anos e de bodas. Espalhadas pelo salão ficam as mesas, ornamentadas com toalhas, arranjos florais, velas, taças, talheres e guardanapos.

O comensal é convidado a se dirigir à mesa buffet e, depois de retirar o prato numa das extremidades da mesa, posiciona-se diante de cada iguaria, servida pelo garçom. Retorna então ao seu lugar, onde as bebidas serão servidas.

Elegante é, nesse tipo de serviço, respeitar a sua vez na fila do buffet e deixar-se ser servido com os alimentos de sua preferência, em pequenas quantidades estipuladas pelo garçom. Soa mal e deseducado pedir que "capriche" na quantidade. Se quiser, pode-se retornar depois ao buffet e repetir alguma das opções, deixando os talheres fora do prato usado, à esquerda, próximo ao pratinho de pão; o prato usado será retirado pelo garçom.

Tipos de serviços

- *À americana*: os alimentos são apresentados nas travessas sobre a mesa principal; os pratos, empilhados em grupos de no máximo dez unidades cada, ao lado dos talheres e guardanapo, facilitam a organização da mesa (há suportes de prata ou inox próprios para organizar pratos e talheres nesse tipo de serviço). Caso haja uma mesa menor, nela ficam as bebidas e os copos, evitando acúmulo de pessoas num só local. Os convidados, após se servirem, procuram um lugar para se acomodar.

- *À inglesa direto*: o garçom traz a travessa com o alimento que foi, anteriormente, escolhido pelo cliente e o serve pela esquerda.

- *À inglesa indireto*: depois de apresentar ao comensal a travessa com seu pedido, o garçom prepara cada prato individualmente no gueridom (pequena mesa de apoio) e coloca o prato pronto diante do comensal pela direita.

- *À francesa direto*: o garçom oferece a travessa com o alimento pela esquerda do comensal, que se serve usando os talheres que lhe são apresentados. É o mais formal e requintado dos serviços, pouco utilizado nos restaurantes e mais frequente nas embaixadas e residências de alto poder aquisitivo.

- *Nouvelle Cuisine* (*à francesa indireto*): são utilizados pratos maiores, individualmente preparados e decorados na cozinha, cobertos com a *cloche* (tampa de aço inox ou prata). Cada garçom coloca o prato coberto pelo lado direito de seu cliente e num mesmo momento todos os garçons retiram as *cloches*.

- *Brunch*: fórmula mista de café da manhã e almoço (*breakfast* + *lunch*), esse tipo de serviço, bastante prático, passou a ser muito usado em encontros comerciais e comemorações no período da manhã. Costumam ter início por volta das 10h30 e nele são servidos pratos quentes e frios, tortas salgadas e doces, sanduíches e congêneres, sucos, vinhos e café.

Transforme-se em um profissional de qualidade

Neste capítulo serão abordadas algumas profissões, selecionadas com base em nossas experiências de treinamento e por solicitação de participantes de cursos, que questionavam, na ocasião, a postura de alguns profissionais liberais e daqueles com os quais se tem relacionamento diário, como corretores de imóveis, domésticas, motoristas, seguranças etc.

Pleiteando um emprego

Parabéns! Seu currículo foi selecionado. É preciso, agora, se preparar para as dinâmicas e entrevistas. A primeira preocupação de todo profissional, então, é com a sua *performance*.

- Informe-se a respeito da empresa, sua filosofia, seus produtos ou serviços e sobre os seus concorrentes. Nos dias de hoje, graças à internet, isso ficou bem mais fácil.

- Inicialmente você será avaliado quanto à sua instrução, cultura geral, desenvoltura, dinamismo, habilidade de relacionamento interpessoal, trabalho em equipe, humor, carisma, flexibilidade, polidez, equilíbrio emocional. Portanto, conhecer a si mesmo é fundamental.

- Durma bem na noite anterior para estar bem disposto e tranquilo para a dinâmica ou entrevista.

- Seja pontual. Melhor chegar uns 10 minutos adiantados.

- Lembre-se de que a primeira impressão é a que fica. Os entrevistadores estão atentos à imagem corporal.

- Cuide da higiene e do asseio e apresente-se bem vestido, de acordo com a função que deseja exercer e a formalidade da empresa. Lembre-se: discrição é sinônimo de elegância e roupa também é poder. Homens, mesmo jovens, devem evitar calça jeans e dar preferência a calça e sapatos sociais. A camisa pode ser de mangas curtas (sem gravata) ou mangas longas (com os punhos abotoados, com ou sem gravata). O uso do blazer também é optativo, a não ser que esteja se candidatando a um cargo executivo, quando a melhor opção é apresentar-se com um terno escuro. As mulheres devem evitar roupas extravagantes, com fendas ou comprimentos exagerados e dar preferência a trajes mais clássicos. Bijuterias e maquilagem devem ser discretas. Unhas curtas e esmalte claro estão mais de acordo com o visual profissional.

Ao entrar na sala de entrevista, arrume a postura do corpo, respire profundamente, erga o tronco e demonstre autoconfiança. Cumprimente o entrevistador pelo nome – Sr. Fulano –, olhando-o nos olhos. Espere que ele lhe estenda a mão e faça um sinal para você se sentar. Sente-se de maneira confortável, sem soltar o corpo, como se estivesse em casa, nem tampouco na ponta da cadeira, como se estivesse com pressa de sair. Mantenha seu tórax naturalmente realçado, as pernas paralelas, as mãos apoiadas nas pernas ou no braço da cadeira.

Fisionomia calma e sorridente ameniza a tensão do momento. Evite responder simplesmente com "sim" ou "não", mas também não seja prolixo. Desenvolva seu raciocínio, ao relatar sobre o interesse pela vaga, como analisa o desafio e seus objetivos na área. Seja sincero nos seus relatos e saiba que, ao desviar o olhar estará demonstrando insegurança ou que não está sendo verdadeiro.

Vá para a entrevista sabendo qual a sua pretensão salarial e esteja pronto para responder perguntas como: "O que o fez procurar a organização?" e "Por que deve ser admitido?". A empresa deseja saber o que ganhará ao contratá-lo, então fale sobre suas aptidões e como elas podem ser úteis ao trabalho.

Demonstre estar atualizado a respeito dos acontecimentos do Brasil e do mundo. Evite falar sobre futebol, política, religião ou outros assuntos particulares. Seja objetivo e fale com clareza. Evite gírias e vícios de linguagem, cuidado com a concordância.

O celular deve estar desligado. Evite esfregar as mãos, bater os pés, balançar as pernas, brincar com acessórios, tocar no cabelo ou no rosto, para não transmitir nervosismo. Seja discreto e comedido, não gesticule muito. Caso lhe seja oferecido um café, seja objetivo: "Sim, obrigado(a)" ou "Não, obrigado(a)". Caso deseje um copo d'água, peça.

Terminada a entrevista, agradeça pela oportunidade. Caso não seja convocado, não fique desmotivado. É importante procurar saber em qual aspecto você precisa melhorar para as futuras entrevistas.

Recado aos candidatos ao primeiro emprego

A entrevista para o primeiro emprego é sempre um momento difícil. Muitos ficam em pânico, pela inexperiência. O importante é sempre ser natural, espontâneo e sincero.

Se você nunca trabalhou antes, descreva suas atividades cotidianas relacionadas à vida acadêmica, a participação em eventos culturais ou esportivos, a atuação como representante de turma, como membro de ONGs ou em trabalhos voluntários. Essas são situações que demonstram capacidade de relacionamento, trabalho em equipe, versatilidade – características valorizadas na vida profissional.

Um adendo especial aos candidatos à vaga de telemarketing

Quem se candidata à vaga de operador de telemarketing é analisado pela organização desde o primeiro contato por telefone. A seleção passa pelas seguintes etapas:

- dicção e tom de voz durante a entrevista por telefone;
- português correto, atenção às concordâncias nominal e verbal;
- personalidade e forma de se comunicar durante a entrevista pessoal;
- clareza de ideias, coerência no raciocínio, objetividade e habilidade para trabalho em equipe, demonstradas durante a entrevista coletiva ou dinâmica de grupo;
- capacitação para o cargo, demonstrada durante a autoscopia (simulação) em uma situação de trabalho;

- saber ouvir;
- ter equilíbrio emocional.

Executivos e líderes

Hoje, fala-se muito no papel de líder. Alguns dizem que é preciso ter dom para ser líder; outros, que qualquer pessoa pode se tornar um líder. O fundamental é conhecer bem a natureza humana, para poder influenciar os demais, usando a comunicação interpessoal.

A *performance* da empresa está fundamentada no comportamento de seus líderes. A liderança pode ser exercida através de assistência, orientação e suporte emocional ou técnico, sempre tendo como base o respeito e a sinceridade.

Um bom líder tem elevada autoestima e sempre oferece uma alternativa. Faz censuras de modo reservado e elogios em público. Quando tem sob sua liderança diferentes quadros de subordinados, precisa aprimorar sua capacidade de sensibilidade e percepção, a fim de descobrir outros líderes mesmo entre pessoas ponderadas, tímidas, que não gostam de falar em público, mas dotadas de rica comunicação não verbal.

O líder possui facilidade para agregar pessoas, transmitir-lhes valores como competência, confiabilidade e acima de tudo amizade. Sua experiência é adquirida no exercício constante de uma profissão ou ofício.

O desenvolvimento sustentável nas empresas deve ter como alicerce a humanização. O ser humano precisa ser valorizado, ter motivação e reconhecimento para viver de forma civilizada e educada. Segundo um provérbio alemão, "Todos nós precisamos de alguém que nos obrigue a fazer aquilo que somos capazes". E, quando a lição é dada através de exemplos, torna-se mais didática e compreensível a seguinte equação:

> Comprometimento e satisfação = produção + lucratividade para a organização + realização do funcionário

Secretárias

Quando falamos em secretária, logo imaginamos uma profissional habilidosa, com traquejo social, competência, carisma, diplomacia, discrição e tato. Realmente, o perfil da secretária dos dias atuais é o de uma "assessora executiva". Por isso, exige-se dela uma postura elegante no trato com todos: subordinados, pares e superiores. Espera-se também que ela saiba cultivar o bom relacionamento entre os diferentes setores da empresa – o que não é tarefa fácil, mas imprescindível para a qualidade do ambiente de trabalho.

Assessora polivalente, a secretária organiza, participa da vida do executivo no exercício de suas funções dentro e fora da empresa e se empenha ao máximo em atingir os objetivos da organização, que também são os seus.

A secretária de visão não se limita a cumprir o que lhe foi solicitado. Precisa ser criativa e ponderada, estar preparada para enfrentar desafios, atender (às vezes ao mesmo tempo), vários executivos e/ou solicitações, respeitando as peculiaridades. Deve estar ciente de suas responsabilidades, empenhar-se em fazer o melhor, aprimorar-se sempre para realizar suas funções com bom humor e eficiência e, ainda, ser flexível o suficiente para se adequar a situações inesperadas.

Seguem algumas dicas que podem ajudar a manter um convívio harmonioso no ambiente de trabalho:

- Vista-se com simplicidade e elegância, sempre impecável e lembre-se do que dizia Coco Chanel: "Traje-se bem e notarão a mulher. Traje-se mal e sobressairá a roupa".

- Trabalhe seu estado emocional, adquirindo autocontrole e mantendo a autoestima elevada, para estar apta a conviver com diferentes tipos de clientes internos e externos.

- Seja proativa e pense juntamente com seu chefe, procurando responder às situações com bons argumentos e sensibilidade.

- Conheça seu chefe o melhor possível, para poder lidar com os contratempos.
- Procure trabalhar com autonomia, desde que tenha autorização para isso.
- Consiga tempo para conhecer pessoas de outras áreas, mas cuide de sua imagem profissional, tratando a todos (boy, colegas, fornecedores e clientes) com certa formalidade, para não dar margem a assédios e evitar situações desagradáveis.
- Trate seu chefe por "senhor" ou "senhora", principalmente na frente de funcionários e clientes.
- A ética é imprescindível em sua função, por isso observe sigilo quanto a informações confidenciais relacionadas a seu chefe, aos funcionários e à situação da empresa, evite deixar correspondências abertas e documentos sobre a mesa, conservando-os em pastas.
- Seja simpática, diplomática e amável, lembrando-se que o sorriso aproxima as pessoas, mas ao cumprimentar um cliente, não é necessário levantar-se nem lhe estender a mão.
- Sinta-se como verdadeira anfitriã, oferecendo café ou água ao visitante.
- Acompanhe o visitante caminhando ligeiramente à sua frente para abrir-lhe a porta e após anunciá-lo saia discretamente.

- Se tiver de abordar seu chefe durante uma reunião ou quando estiver atendendo alguém em sua sala, faça-o através de um bilhete.

Telefonista/atendente

A recepcionista ou atendente ao telefone é o cartão de visitas da empresa. A cortesia ao receber ou no atendimento telefônico demonstra ao visitante ou interlocutor o quanto é bem-vindo. Trata-se, portanto, de uma função muito importante, pois pode ajudar ou comprometer a imagem da organização em que se trabalha.

Alguns cuidados devem ser tomados para que a comunicação seja sempre objetiva, clara e cortês:

- Sempre que possível, atenda ao telefone no primeiro toque.
- Sorria e seja natural, para obter um tom de voz mais agradável.
- Seja atenciosa e ouça o que diz seu interlocutor, detectando corretamente suas necessidades, dúvidas e solicitações e respeitando suas pausas, sem interrompê-lo.
- Articule as palavras corretamente e com clareza, fale com entusiasmo durante todo o contato;
- Tenha prazer em prestar informações, vender, cobrar e promover.

- Dê informações corretas, precisas e objetivas;

- Tenha cuidado com a linguagem, evite gírias, termos técnicos desconhecidos e, principalmente, intimidade excessiva com expressões do tipo "meu bem", "querida", "amor"...

- Trate seu interlocutor por "senhor" e "senhora" mais o nome, se souber. Cabe somente a ele dispensar o tratamento e permitir que o trate por "você".

- Procure informar-se sobre tudo o que diz respeito à sua empresa e não confie na memória. Mantenha por perto agendas, informações importantes, manuais e outros documentos de referência.

- Use sempre as palavras mágicas: "Por favor", "Qual o seu nome/com quem estou falando?", "Obrigado por ter ligado", "Sempre às ordens", "Desculpe-me pela demora"...

- Faça perguntas que ajudem o interlocutor a se explicar melhor.

- Enquanto estiver ouvindo, dê sinais de que está entendendo e repita o que ouviu para ter certeza da solicitação feita.

- Despeça-se cordialmente, porém com formalidade.

Tipos de clientes	Como são?	Conduta
Indeciso	Fala muito, é cansativo, não se explica	Ouça-o bem, seja assertiva e faça perguntas fechadas, como: "O senhor quer falar com alguém do departamento administrativo, certo?". Seja paciente.
Agressivo ou irritante	Fala alto, não admite interrupções	Deixe-o desabafar, mas dê sinais que o está ouvindo: "Sim... Entendo...". Jamais diga: "O senhor está nervoso". Cuidado com seu tom de voz e não entre na dele. Procure ser compreensiva e busque sinceramente resolver a questão.
Insistente	Procura sempre pelo superior	Não reaja de modo pessoal. Explique-lhe que precisa de mais dados para encaminhá-lo/ transferi-lo à pessoa ou ao departamento correto. Se você puder resolver o assunto, seja assertiva, com confiança e profissionalismo.

Ao atender reclamações:

- Não demonstre sentimentos de antipatia, mesmo com interlocutores desagradáveis e irritantes – reaja às ideias e não às pessoas.

- Demonstre respeito pela opinião alheia, e pelo modo como pensam as pessoas.

- Compreenda as dificuldades de expressão das pessoas simples, tímidas ou com vocabulário limitado (estrangeiros, por exemplo), seja paciente e ajude-as a se expressar para entendê-las melhor.

- Tenha consciência de suas condições emocionais para evitar pré-julgamentos e preconceitos.

- Ao ouvir reclamações, deixe o interlocutor desabafar, reelabore o que ele expôs, demonstrando que o entendeu e dê a melhor solução possível no momento.

- Preste atenção aos fatos e não argumente mentalmente, pois enquanto isso você deixa de prestar atenção ao que o interlocutor está dizendo.

- Ao se desculpar, não faça comentários negativos de sua empresa, mas valorize sempre os produtos e serviços prestados – construa e preserve uma boa imagem da organização em que trabalha.

- Após as informações prestadas, confirme se a pessoa deseja algo mais, para então agradecer a ligação e despedir-se – essas gentilezas independem do cliente ter sido cortês ou não.

Expressões proibidas ao telefone:

- *Alô* – diga: o nome da empresa, o seu nome e cumprimente a pessoa.

- *Só um segundo* – diga: "O senhor pode esperar?", "Preciso de um tempo para...".

- *Não sei* – diga: "Vou verificar...".

- *Não podemos fazer...* – diga: "Podemos fazer o seguinte...".

- *Você tem que...* – diga: "Vou explicar o que o senhor precisa fazer...".

- *Quem deseja(ria) falar/Quem fala?* – diga: "Por favor, com quem estou falando?", "Por favor, qual o seu nome?".

Existem algumas regras básicas que devem ser observadas para uma perfeita comunicação telefônica:

- *Postura*: sente-se confortavelmente com os ombros abertos, coluna apoiada no espaldar da cadeira, deixando o diafragma livre para que o som se propague de modo claro e preciso. Se possível, permaneça de pé durante a ligação. Evite roupas apertadas que prendam o abdômen, atrapalhando o aparelho fonador.

- *Respiração*: consulte esporadicamente um otorrino, para verificar suas condições auditivas, respiratórias e de garganta.

- *Tom e velocidade da voz*: alta ou baixa e rápida demais demonstra desequilíbrio emocional e é irritante. Busque um tom de voz moderado e fale calmamente.

Motoristas

O ser humano sente-se poderoso quando está na direção de um veículo. A pressa e a agressividade, muitas vezes aliadas ao consumo de álcool, tornam o trânsito intolerável. O carro, no entanto, não é lugar para se exibir, demonstrar poder, nem tampouco deveria servir para descarregar frustrações e raiva. Novas leis, como a denominada "lei seca" para os motoristas, que restringiu ao mínimo a quantidade permitida de álcool por litro de sangue em condutores, ajudam na diminuição de acidentes e mortes no trânsito, mas o mais importante é que nos conscientizemos da importância do respeito mútuo e da direção responsável. Portar-se de maneira civilizada e estar atento para não aumentar o estresse diário é colaborar para uma melhor qualidade de vida. E isso vale para todos os motoristas, não apenas para quem dirige profissionalmente.

Para facilitar seu relacionamento com o público, o motorista deve observar o quão importantes e valiosos são a atenção, a cortesia, a paciência e o bom humor. Valorize seu marketing também ao volante:

- Nos dias atuais, certos hábitos civilizados parecem ter caído em desuso devido ao trânsito caótico, à falta de tempo e ao nervosismo dos motoristas. Mas o respeito às leis garante as condições mínimas, essenciais à segurança e ao conforto daqueles que conosco enfrentam o tráfego.

- Dirija com prudência e atenção, evitando excessos de velocidade, freadas bruscas, toques constantes de buzina e, principalmente, o uso de palavrões. As pessoas que estão em sua companhia podem não reclamar por educação, mas ficam com os nervos abalados.

- Sempre que possível, coloque em prática gentilezas, como a de abrir e fechar a porta do carro para senhoras e para pessoas de idade.

- Não se esquecer de perguntar aos passageiros se pode ligar o ar-condicionado. É importante que todos se sintam confortáveis.

- Quando estiver acompanhado, não ligue o som muito alto, atrapalhando a conversa e evitando que se ouça o som de sirenes de ambulância ou da polícia, apitos de guardas etc.

- Evite conversar ininterruptamente e em tom alto, desviando sua atenção do trânsito e cansando os passageiros.

- Caso seja fumante, evite fumar dentro do veículo.

- Celular e bebida, definitivamente, não combinam com o volante. São proibidos e valem multa.

- O respeito entre motoristas, motoqueiros e ciclistas deve ser mútuo. A convivência civilizada contribui para a fluidez do trânsito e previne acidentes.

- Proteja o pedestre, respeitando a faixa destinada à travessia e dando preferência à sua passagem. Hoje, conforme lei, na faixa de pedestre, onde não há farol, esteja atento à sinalização de mão que o pedestre fará quando precisar atravessar.

- O passageiro também deve usar o bom senso durante o trajeto e fazer companhia à pessoa que está ao volante. Portanto, evite ler, dormir, comer, abrir os vidros ou fumar sem permissão. Seja gentil com a pessoa que o está conduzindo e não se esqueça de agradecer ao sair do carro.

Para que possamos viver em harmonia, as leis de trânsito devem ser seguidas por todos. Existem também algumas regras que ajudam a definir a conduta tanto para o motorista amador quanto para o profissional. São regras maleáveis, que dependem, naturalmente, do bom senso para adaptá-las às circunstâncias do momento. Vejamos:

Motorista amador

No automóvel, existe um protocolo de precedência. Quando o motorista é o proprietário do veículo, uma pessoa deve sempre se sentar ao seu lado. Esse é o lugar de honra e caso tenha em sua companhia um homem e uma mulher, esta se senta na frente e o homem senta-se no banco traseiro. Caso a companhia seja de um homem e duas mulheres, as duas senhoras tomarão lugar no assento de trás e o homem sentar-se-á na frente, ao lado do motorista. Quando o automóvel estiver lotado, a precedência é do mais idoso. Se a mulher estiver ao volante e um casal estiver em sua companhia, a mulher senta-se na frente e o homem no banco detrás.

Crianças ou animais de estimação devem estar sempre no banco de trás com cinto de segurança ou no assento especial para o seu transporte.

Motorista profissional

Taxistas e motoristas particulares, de empresas ou de coletivos, devem seguir algumas regras básicas, além dos imprescindíveis cuidados de asseio pessoal:

- Ser o mais discreto possível, não se intrometer na conversa dos passageiros, limitando-se a responder ao que lhe for perguntado.

- Estar atento e ser solícito, abrindo e fechando a porta do veículo, abrindo ou fechando os vidros, ajudando as pessoas a se acomodarem.

- Procurar ser o mais cordial possível, caso esteja conduzindo um cliente, lembrando-se de que sua função é o cartão de visita da organização.

- Estudar os trajetos desconhecidos e consultar mapas ou aparelhos de GPS antes de sair, pois da sua competência depende, muitas vezes, o fechamento de um negócio.

O especialista em cerimonial, Nelson Speers, no que se refere a automóveis, diz:

> o lugar de honra é à direita, no assento do fundo, depois à esquerda e por último o centro do assento do fundo e, em 4º lugar, o assento da frente, ao lado do motorista. Para todos os veículos as normas são as mesmas.

Caso sejam três pessoas, dois homens e uma mulher, esta pode ficar no centro. É estético e facilita a conversação. Uma mulher tem sempre a prioridade diante de um homem. Um chefe de Estado, porém, conserva-se à direita de sua mulher, mesmo porque esta não tem cargo oficial.

Ao subir no carro, a pessoa mais importante entra primeiro e fica à direita. A segunda pessoa contorna o veículo por trás e entra pela outra porta. Ao descer do carro, o protocolo é o inverso. Desce em primeiro lugar a pessoa de menor hierarquia e abre a porta para a pessoa de maior hierarquia.

Alguns lembretes para taxistas e motoristas de veículos coletivos:

- Dentro do veículo, o motorista tem a função de atender ao público, portanto precisa gostar do contato com o povo e agir da melhor maneira possível.

- Cumprimente a todos, seja agradável, educado e solícito, esteja sempre pronto a orientar as pessoas que precisam de ajuda.

- Seja prestativo e paciente com passageiros confusos, crianças, idosos e pessoas com deficiências físicas.

- Mantenha distância dos veículos à sua frente.

- Evite brigas e estresse desnecessários, faça sua parte e contribua para uma cidade menos violenta.

- Cuide da manutenção do veículo, evitando pôr em risco a sua vida e a dos passageiros.

- Aos taxistas – seja ético e não queira tirar proveito, aumentando o percurso das corridas ou cobrando preços abusivos em eventos.

- Aos motoristas de coletivos e de lotação – os idosos têm direito assegurado de uso gratuito dos transportes públicos, então respeite a lei, seja cidadão e pare o veículo quando o idoso solicitar.

Segurança

Em eventos com a presença de autoridades e pessoas influentes, os organizadores costumam providenciar o policiamento ostensivo e, dependendo do nível de importância do acontecimento ou das pessoas envolvidas, a segurança pode ser feita por militares em traje de gala.

Porém, com a crescente onda de violência e a insegurança nos grandes centros, aumentou muito o número de seguranças particulares em restaurantes, prédios particulares e comerciais, casas noturnas, shopping centers etc.

O segurança é o profissional capaz de manter a ordem local e a tranquilidade das pessoas. Geralmente traja-se como um executivo, exercendo proteção pessoal ou patrimonial velada.

Apesar de seu trabalho ser cada vez mais valorizado, não tem, porém, o direito de ser arrogante, preconceituoso ou agressivo, esquecendo-se da necessária sensibilidade para lidar com diferentes pessoas. De outro lado, também devemos ser compreensivos quando nos for exigida identificação ou a observância de regras que têm o objetivo de evitar perigos e acidentes.

Quem já não se aborreceu ao ficar preso na porta giratória de um banco e precisar retirar pertences metálicos da bolsa ou do bolso? Sabemos que a proteção é para o bem-estar de todos, mas às vezes é perturbante a maneira como a autoridade é exercida. Se fere a dignidade humana, causa revolta e pode provocar tumulto e violência.

Algumas recomendações:

- O bom senso e o respeito para com as pessoas devem estar presentes na prática desta difícil e árdua função. Portanto, humanize-se cada vez mais; seja firme, mas polido.

- Com certeza, as boas maneiras fazem a diferença. Trate a todos como gostaria de ser tratado.

- Use a comunicação como uma via de mão dupla, informe as pessoas sobre as regras a serem cumpridas e os limites existentes, estimulando o convívio pacífico.

- Boa aparência física, postura corporal correta e bom humor sem dúvida colaboram, e muito, para o desempenho de suas funções. Trabalhe o emocional para evitar o estresse da profissão.

Corretor de imóveis

O primeiro contato entre o corretor e seus clientes ocorre, na maioria das vezes, pelo telefone. Portanto, muito cuidado ao passar sua primeira impressão através da voz: muito alta é desagradável e denota desequilíbrio emocional; muito baixa indica timidez e insegurança. Como teste, grave sua fala e ouça.

Outro meio de comunicação muito utilizado é o e-mail. Certifique-se, porém, se esse veículo é conveniente ao seu cliente e peça-lhe permissão para enviar mensagens sobre lançamentos e boas ofertas do mercado imobiliário.

Ao solicitar informações do cliente, por telefone ou e-mail, seja cuidadoso: inicialmente levante os dados sobre o imóvel que procura, tais como: tipo (casa ou apartamento), número de cômodos e garagens, área total/útil, lazer, andar, preferências de bairro, ruas, face, valor aproximado da verba de que pode dispor. Se houver necessidade de mais esclarecimentos, deixe para pedir pessoalmente.

Após selecionar os imóveis de acordo com as exigências do cliente, agende um horário para mostrá-los. Seja gentil, ligue um dia antes lembrando o encontro. Caso não o encontre, deixe um recado sobre o compromisso, identificando-se com nome, sobrenome e o nome da empresa corretora. Prime pela pontualidade, mas, caso surja um imprevisto avise sobre o atraso, seja sincero e não culpe o cliente anterior. Apresente-se de modo impecável, mesmo se tratando de um trabalho informal.

O melhor momento para entregar seu cartão é no início do encontro, durante sua apresentação, pois facilita a memorização de seu nome e da empresa. Ao entregá-lo, evidencie os telefones de contato e seu endereço eletrônico.

O cliente espera de você profissionalismo, gentileza, competência, ética, objetividade. Trate-o por senhor/senhora e só abra mão do tratamento se ele/ela permitir. Jamais trate seu cliente por "querido/querida", "meu bem" etc.

Conheça bem os seus produtos e seus clientes e seja solícito, sem importuná-los com telefonemas ou e-mails excessivos. Dirija o produto certo à pessoa certa, para não haver perda de tempo em visitas a imóveis fora do interesse e perfil do cliente, que certamente ficará irritado ao concluir que suas exigências não foram entendidas. Desenvolva sua sensibilidade e lembre-se de que em toda transação você atende a dois clientes, o que compra e o que vende, portanto, seja ético e sincero. Ao adquirir a confiança de ambos, haverá mais liberdade para que exponham suas ideias e tirem suas dúvidas. Procure amenizar as angústias e incertezas, pois geralmente estão diante da decisão sobre um importante negócio, no qual, muitas vezes, a economia de toda uma vida está em jogo. Não coloque suas necessidades (a comissão) à frente das necessidades do cliente.

Vendedor

"O fracasso jamais me surpreenderá se minha decisão de vencer for suficientemente forte."[1]

---

[1] MANDINO, Og. *O maior vendedor do mundo.*

Vende-se de tudo neste mundo: objetos, imagem de pessoas e de empresas, até valores ditos inestimáveis, como os morais. Alguns povos são mais consumistas, como os americanos e os japoneses, outros nem tanto, como os europeus. A venda se processa primeiro através da imagem, que aguça o cérebro transmitindo-lhe o impulso e a vontade de "ter".

Falemos então do personagem principal deste capítulo: o vendedor.

Algumas das virtudes de um bom vendedor são: conhecimento do produto, respeito, cortesia, persistência, bom vocabulário, entusiasmo, amor pelo que faz e atitude positiva.

Nada é mais desagradável do que ser atendido por pessoas mal-humoradas ou desanimadas. Nesse caso fica difícil a efetivação de algum bom negócio e, pior, a imagem da empresa, que está ligada à do funcionário, fica comprometida. Dificilmente um cliente insatisfeito volta ao estabelecimento e ainda fala mal dele para as outras pessoas.

Os valores éticos devem fazer parte da vida pessoal e profissional. Enganar o cliente, vendendo gato por lebre, desrespeitar prazos e vangloriar-se por saber usar ardilosamente a oratória e o poder de convencimento não são atitudes de um bom vendedor. Ao contrário, o diferencial de um bom vendedor está na maneira como ele lida com o cliente. E o cliente quer ser bem tratado – com respeito e sem preconceitos –, recebido com um sorriso, identificado pelo nome, e que suas necessidades sejam compreendidas. Em suma: sentir-se "especial" e bem-vindo.

Lembre-se: todos os clientes são importantes, ainda mais em tempos de ferrenha competição. São as vendas no comércio que propiciam o giro dos negócios e geram empregos.

Visitas a clientes

A comunicação com os clientes pode ser feita de diversas maneiras: por telefone, internet, fax ou mala direta. Em muitos casos, torna-se necessário um contato mais direto (*approach*), uma visita à empresa do cliente. É preciso, então, planejar-se e preparar-se para que o resultado seja positivo. Não se esqueça: o vendedor carrega em uma mão sua pasta; na outra, o nome e a qualidade da empresa que representa.

O primeiro passo é marcar a visita, via secretária ou com o próprio cliente. Tenha em mente os produtos ou os serviços a oferecer, assim como os produzidos pela empresa a ser visitada, sua área de atuação e posicionamento no mercado. A internet facilita e agiliza a busca dessas informações.

Traje-se adequadamente, de acordo com sua posição, e lembre-se de que você está representando sua empresa: sua imagem pessoal deve corresponder à imagem institucional. Isso vale para homens e mulheres: a discrição é sempre salutar.

Lembre-se de levar consigo cartões de visita, folhetos, prospectos e outros materiais úteis. Programe-se para chegar no horário marcado, sem atrasos. Respire fundo e, confiante, entre na empresa.

Após cumprir as formalidades na recepção, anuncie-se para a secretária, informando seu nome completo, o da empresa que representa, e o nome da pessoa com quem tem horário agendado. Enquanto espera, vá ao lavatório para se recompor. Com um lenço umedecido retire a oleosidade ou o suor do rosto, refaça a maquiagem se for o caso, lave as mãos, ajeite os cabelos e a roupa. Desligue o celular, afinal esse tempo é reservado ao seu cliente.

Após ser anunciado, dirija-se à sala do seu cliente. Não é preciso esperar permissão para entrar, pois já foi anunciado. Cumprimente-o e apresente-se. Sorria e olhe-o sempre nos olhos, assim você transmitirá firmeza e credibilidade. Não vá direto ao assunto para não demonstrar ansiedade; interaja com seu interlocutor, converse um pouco sobre a empresa e seus interesses. Em seguida, entre no assunto dos negócios. Seja objetivo e observe, através da linguagem não verbal, as reações do cliente.

Se durante a visita seu cliente receber uma ligação particular, não preste atenção no assunto. Se possível, afaste-se para observar um quadro ou a paisagem da janela, para deixá-lo à vontade.

Terminada a visita, despeça-se com um aperto de mão e coloque-se à disposição. Faça anotações complementares sobre seu cliente, como hobbies, gostos pessoais, data de aniversário. Você poderá usufruir dessas informações na hora certa.

Não desanime se o primeiro contato não for proveitoso. Faça um retrospecto da visita e analise cuidadosamente sua atuação, para descobrir como melhorar sua *performance* ou a estratégia a utilizar num próximo encontro. Somente a ação tem o dom da renovação. Condicione sua mente para enfrentar os desafios com o propósito da vitória. Aprenda com as derrotas e seja criativo! Bons negócios!

Profissional da área da saúde

Não basta apenas ter dom para exercer profissões da área de saúde. É preciso disponibilidade para ouvir o outro, tolerância, compreensão e não ser preconceituoso. Alguém pode pensar: qualquer profissional que trabalhe diretamente com gente precisa dessas qualidades. É verdade, mas, lembre-se: o cliente da área de saúde está doente, e seus familiares ou acompanhantes temerosos e fragilizados. Conviver diariamente com essa realidade não é tarefa muito fácil. Por isso, essas qualidades são imprescindíveis para quem trabalha nessa área. O profissional deve ser preparado psicologicamente para escutar as queixas dos pacientes.

Vejamos alguns conselhos que podem melhorar esse relacionamento tão delicado e importante para a confiança e continuidade do tratamento:

- Saiba escutar e perceber as necessidades do paciente através do que ele fala e de sua expressão corporal.

- Certifique-se que o paciente tenha entendido o que lhe foi perguntado e/ou orientado.

- Por mais simples ou óbvia que seja a pergunta de seu paciente, não a desqualifique.

- Ao conversar com seus pacientes, considere a sua cultura e vocabulário, procure entendê-lo e esforce-se para ser entendido, evitando termos técnicos, que podem assustar ou inibir.

- Ouça seu paciente com atenção e não dê respostas baseadas em pressupostos.

- Lembre-se de que todos temos expectativas, ideias preconcebidas a respeito de um bom atendimento. Esclareça o paciente quanto à sua conduta de solicitar ou não exames, dê-lhe a atenção devida.

- Pontualidade e diálogo são chaves em qualquer relacionamento, principalmente na relação entre profissional de saúde e paciente.

Esta é uma relação especialmente fundamentada na confiança, através do diálogo e da empatia. Transmita segurança e humanidade, seja um modelo de conduta exemplar. A excelência só será plena quando os profissionais de saúde assumirem a postura de que somos todos iguais e que o saber é uma ferramenta para uso da profissão e não para que uns se coloquem acima dos demais.

Uma boa imagem é importante para a construção do marketing pessoal/profissional. No Brasil, é usual a roupa branca na área de saúde, que deve estar impecável – limpa, bem passada, no tamanho certo, confortável – e nunca esportiva demais (é inadmissível o uso de agasalhos esportivos e tênis). Alguns profissionais adotam o jaleco sobre calça social, camisa de manga comprida e gravata; outros, principalmente os mais jovens, sobre roupas casuais. De um jeito ou de outro, é preciso passar a melhor imagem, que sem dúvida irá agregar valor à competência aprimorada em estudos constantes. Mas lembre-se de retirar o jaleco ao sair do ambiente de trabalho: é uma questão de saúde pública. Para complementar, não se pode esquecer os cuidados quanto à higiene pessoal e asseio: cabelos femininos presos ou curtos; unhas cortadas e limpas, mãos sempre lavadas com sabão, sapatos limpos, meias acompanhando a cor do sapato para os homens e cor da pele ou branca para as mulheres.

Atendente ou recepcionista

O termo "atendente" diz respeito ao profissional que presta atendimento direto ou indireto ao público. Neste caso, porém, trata-se da pessoa que, nos hospitais e consultórios, desempenha serviços auxiliares de enfermagem.

Quem trabalha com o público precisa gostar do que faz e, acima de tudo, gostar de gente e demonstrar isso. É bom lembrar que cada cliente é único; não podemos tratar igualmente pessoas diferentes. Daí a necessidade de perceber diferenças e fazer o melhor possível para cada um.

Pessoas diferentes, por vezes exigentes ou passando por situações difíceis, a todo instante procuram pelo atendente/recepcionista para fazer perguntas, pedir informações, esclarecer dúvidas, reclamar. Cabe ao profissional ser solícito, prestar esclarecimentos, orientar, administrar conflitos, satisfazer não só as necessidades do cliente, como oferecer-lhe algo mais, ser proativo.

Em toda profissão enfrentam-se momentos difíceis. Mas na prestação de serviços na área de saúde essa condição é especialmente real. Para que se possa reverter situações estressantes e oferecer um atendimento de qualidade, o atendente/recepcionista deve estar emocionalmente equilibrado. É fundamental conhecer a si mesmo, ter consciência do seu devido valor na organização. Só assim irá trabalhar suas deficiências e valorizar suas qualidades.

As pessoas, quando procuram um serviço de saúde, geralmente estão ávidas por atenção e respeito. Com redobrado cuidado, você se destacará dos demais. Como conseguir isso? Acompanhe as dicas a seguir:

- Mantenha uma expressão corporal receptiva, sorria.
- Ouça com atenção e olhe as pessoas nos olhos.
- Não menospreze as dúvidas do cliente.
- Seja sincero e gentil.
- Tenha pleno conhecimento dos serviços e/ou produtos oferecidos pela organização para facilitar o diálogo com o cliente.

Um bom atendimento, além da capacidade técnica, exige:

- Saber se relacionar bem com toda a equipe – médicos, enfermeiros, assistentes sociais, nutricionistas, voluntários, pessoal de limpeza, cozinha etc.
- Acolher o paciente, com atenção e boa vontade.

- Ser compreensivo e lembrar-se de que seus clientes/pacientes e acompanhantes estarão emocionalmente instáveis.

- Não fazer comentários sobre a saúde ou o resultado de exames.

- Manter o cliente/paciente informado, caso ele esteja esperando a confirmação de cobertura do seu plano de saúde, vaga de internação, resultado de exames etc.

- Não comentar problemas de seu local de trabalho com quem não possa resolvê-los, pois atitudes negativas comprometem sua imagem e a da organização onde trabalha além de transmitir insegurança aos pacientes.

Se comparados aos demais profissionais, a exigência quanto à higiene é maior aos da área de saúde. Mulheres que trabalham em hospitais, clínicas e consultórios devem ter seus cabelos sempre limpos, presos e evitar manuseá-los. Cuidado, asseio e discrição no vestuário são fundamentais.

Representantes laboratoriais e propagandistas

Os representantes de laboratórios devem ter atitudes formais, em sintonia com a indústria farmacêutica e a área de saúde.

Na visita ao consultório, apresente-se à secretária, dizendo o nome do profissional com quem quer falar. Aguarde na sala de espera, mas lembre-se que está no mesmo espaço reservado aos pacientes, portanto, seja discreto e mantenha uma postura corporal correta. Não atrapalhe a secretária, impedindo-a de dar atenção aos pacientes ou atender ao telefone com prontidão. Se precisar usar o celular, fale baixo: não há nada mais desagradável do que ouvir discussões pessoais ou resolução de problemas profissionais. Ao abrir sua mala de trabalho, cuidado com o manuseio de caixas de medicamentos ou folders, evitando bagunça e barulho. Ao ser atendido pelo médico, entre uma consulta e outra, seja o mais objetivo possível para não atrasar o atendimento aos pacientes que estão aguardando consulta. Ao sair, agradeça à secretária e aos presentes, que de alguma forma lhe cederam uma fração de seu tempo.

Por vezes, em clínicas ou hospitais onde existem consultórios de várias especialidades, o agrupamento de representantes chega a congestionar as salas e passagens, sem falar no burburinho provocado por esses encontros. Convém ser comedido e discreto.

Empregado doméstico

Com a necessidade da mulher complementar o orçamento familiar, saindo de casa todo dia para trabalhar, a empregada doméstica tornou-se uma colaboradora essencial aos afazeres do lar: lavam, passam, cozinham, organizam armários, atendem telefone, supervisionam a casa, fazem compras, levam as crianças à escola e, muitas vezes, ajudam a cuidar de idosos.

Esta é a relação mais próxima que existe entre um empregador e um empregado. Em contato diário com a família, a convivência deve se dar numa mesma sintonia, ajustada aos hábitos, à cultura, à rotina, e às necessidades de todos. Deve haver, ainda, profundo respeito pelas diferenças culturais, étnicas, religiosas e de escolaridade.

Ninguém gosta de ser criticado no trabalho, mas, por causa dessa proximidade, as críticas tomam maior proporção e é comum a empregada sentir-se diminuída e magoada. Para evitar conflitos, cabe ao empregador ser claro sobre as tarefas solicitadas, proporcionar as condições de serem executadas com segurança. Quando necessário, chamar a atenção em particular, falar sobre o trabalho e não sobre a pessoa, usar um tom de voz respeitoso. À empregada, cumpre realizar as tarefas da melhor forma possível e, ao receber críticas, não levar para o lado pessoal, mas ponderar e procurar melhorar seu desempenho. Caso se sinta desrespeitado, cabe-lhe expor seu descontentamento e reivindicar melhor trato.

Para colocar limites na relação, é importante a consciência não só dos direitos, mas também dos deveres, de ambos os lados. A comunicação franca evita mágoas e ressentimentos.

A seguir, alguns conselhos que, esperamos, possam ajudar no exercício dessa função:

- Valorize seu trabalho e procure crescer nele. Não fale mal perante outras pessoas, mesmo que seja um trabalho temporário, pois, no momento, ele garante o seu sustento.

- Exercite a cortesia: cumprimente as pessoas da casa e também responda aos cumprimentos recebidos.

- Discrição é essencial e requisito básico. Evite participar de conversas ou discussões de cunho particular, não ouça as conversas ao telefone e não comente fora o que ouve ou vê.

- Atenda ao telefone de forma clara, usando sempre o tratamento cordial "senhor/senhora". Mantenha perto do aparelho papel e caneta para anotar recados, nome e telefone das pessoas que ligarem. Por uma questão de segurança, não passe dados ou informações dos moradores da casa ou seus familiares sem autorização.

- Solicite uniforme para o trabalho, pois transmite profissionalismo e respeito, além de economizar suas roupas, e mantenha-o sempre em ordem.

- Cuide da higiene pessoal e do asseio, mantenha os cabelos presos, as unhas curtas e limpas, e lave as mãos tantas vezes quanto necessário, principalmente ao manipular alimentos e após o uso de produtos de limpeza.

- A organização é fundamental para que o tempo seja bem distribuído e aproveitado para as diferentes tarefas.

- Siga as orientações sobre colocar e servir uma mesa (cf. pp. 79-82).

- Componha cardápios variados e saudáveis, de acordo com os gostos da família e para ocasiões diversas.

- Use os produtos de limpeza adequados a cada finalidade. Zele pela própria segurança e, ao manuseá-los, use luvas, tomando as precauções indicadas nos rótulos das embalagens.

- Exerça sua cidadania ao evitar desperdício e ao selecionar o lixo para reciclagem.

A empregada doméstica precisa valorizar a si mesma e o seu trabalho. É através de atitudes positivas e do cuidado com a aparência que se revela a autoestima e o gosto pelo que se faz.

Em qualquer profissão há algum grau de repetição e monotonia. Para evitar a rotina, procure aprender coisas novas e exercer de modo eficiente e agradável suas tarefas.

Para concluir, uma história que ilustra a importância dessa constatação:

> Três pedreiros trabalhavam na construção da Catedral de Notre Dame, em Paris. O primeiro referia-se ao seu trabalho assim: "Minha vida é colocar um tijolo sobre o outro". O segundo dizia: "Ganho o meu sustento nessa dura vida de pedreiro". O terceiro dizia: "Estou construindo uma catedral que ficará para a posteridade e que, um dia, será admirada por todos". Como vemos, os três personagens exerciam a mesma função, mas somente um tinha orgulho do seu trabalho e, por certo, era o mais feliz.

Zelador

Se compararmos a organização de um condomínio e a de uma empresa, veremos que os dois têm muito em comum.

Não importa se terceirizado ou não, o zelador deve ser agradável, educado e cortês no relacionamento, firme no cumprimento das regras condominiais e exigente quanto à qualidade do trabalho atribuído a seus subordinados (faxineiros, porteiros etc.).

A função do zelador, como o próprio nome indica, é zelar pelo patrimônio. Responde pela economia de produtos e serviços de água e luz, e orienta sua equipe para a manutenção e limpeza das áreas de lazer e áreas comuns do edifício.

Seu visual deve estar sempre correto, asseado, o uniforme impecável, assim como impecáveis devem ser sua postura e atitudes. Cumprimentar os condôminos tratando-os pelo nome e com respeito é muito importante.

Cabe ao zelador impor sua imagem profissional e, para isso, ele dispõe de ferramentas auxiliares, como a "Leis do condomínio", elaborada para alcançar, com disciplina, a pretendida convivência harmoniosa entre os condôminos.

Às vezes, quando acumula muitos anos no exercício da função e porque geralmente mora no condomínio, o zelador sente-se íntimo dos moradores. É preciso cuidado com fofocas que possam comprometer o emprego e a harmonia do local. Se surgirem problemas com as crianças, por falta de limites e respeito ou descumprimento das normas do condomínio, convém evitar discussões encaminhando o caso para o síndico.

Garçom

Alia-se à imagem do garçom a de um profissional atencioso, asseado, conhecedor do cardápio, das regras do servir e da etiqueta à mesa.

Não pretendemos, aqui, relatar as atribuições técnicas desse profissional, mas, sim, falar um pouco de seu comportamento e postura ao atender os clientes.

Assim como secretárias e motoristas, o garçom precisa ser discreto e, muitas vezes, fingir-se de cego e surdo diante de brigas, desencontros, infidelidades, ao ouvir fofocas, notícias de primeira mão etc.

Um bom garçom deve estar sempre atento à sua praça (conjunto de mesas de sua responsabilidade). Os detalhes dizem muito sobre a qualidade de seu serviço. Por exemplo, um novo guardanapo entregue com uma pinça ou um talher envolto num guardanapo.

As "estrelas" são conferidas a um restaurante pela qualidade de seu cardápio, pelo esmero e beleza do espaço físico, mas principalmente pela qualidade dos serviços prestados. Assim, a apresentação pessoal do garçom também é muito importante para o estabelecimento. É bom, então, anotar:

- postura sempre ereta, mas natural;
- higiene, asseio e apresentação impecável e nada de perfume;
- uniforme sem manchas e bem passado;
- tom de voz baixo, educado.

O garçom não deve beber ou comer enquanto trabalha. Também não convém ficar conversando ou discutindo com os outros garçons ou com o *maître*.

Caso ocorra algum problema ou situação delicada com os clientes, como desrespeito à lei antifumo, deve agir sempre com discrição e tranquilidade, informando sobre as regras do estabelecimento, ou pedindo ajuda ao gerente.

Gostaríamos de fazer, também, algumas colocações, a você, leitor, na qualidade de cliente: ao solicitar um garçom, não o chame por "querido", "amigo", "chefia", por assobio, batendo com o talher no copo etc. Procure atrair seu olhar e faça uma leve inclinação com a cabeça ou um discreto aceno, indicando que pede sua presença. Chame-o, simplesmente, por "garçom" ou pelo nome, se estiver portando um crachá. Ao final, agradeça-lhe sempre pelos serviços prestados. No Brasil, a gorjeta ou a taxa de serviço (10% do valor da conta) não é obrigatória. Você é quem decide, em função da qualidade do serviço recebido.

Dicas de comportamento para um mundo globalizado

Costumes "estranhos" e diferentes culturas

Hoje, para conhecermos outros povos e países, nem precisamos sair de casa. A internet e a TV a cabo nos levam aos mais longínquos lugares do planeta. Descobrimos, assim, que hábitos que nos parecem estranhos ou até mesmo abomináveis são comuns e naturais em outras culturas como, por exemplo, arrotar à mesa para os mulçumanos, palitar os dentes à mesa para os japoneses, saborear insetos como iguarias para os chineses.

Há uma frase que diz: "Cultura não deve ser criticada, mas, sim, respeitada".

Este capítulo apresenta algumas informações sobre outras culturas e dicas sobre como se comportar, pois o mundo globalizado exige que, pelo menos, os princípios básicos de convivência sejam conhecidos e respeitados. Um deslize pode comprometer negócios vultosos e relacionamentos amistosos.

Alemanha

País da Europa que mais realiza feiras de negócios no mundo. Os alemães são muito pontuais, extremamente formais. Apesar de bem-humorados, não admitem intimidades quando ainda não conhecem as pessoas. Mantêm certa distância quando estão conversando. Nos negócios, são práticos e objetivos. Dão importância a títulos e à palavra empenhada. Acreditam na pessoa até que ela prove o contrário. O aperto de mão é firme, com uma ou duas descidas de braço. Apertar a mão conservando a outra no bolso é sinal de desrespeito. Ternos escuros, com cores sóbrias, são as roupas usadas pelos executivos. A gravata preta é usada em sinal luto.

Argentina

A Argentina foi, na década de 1960, o 5º maior PIB do mundo e Buenos Aires, a segunda cidade a ter metrô. Os argentinos são, na sua grande maioria, descendentes de espanhóis e italianos. Por esse motivo, imitam seus costumes em tudo e principalmente no trajar-se. Consideram sua capital a mais europeia das cidades latino-americanas. A pontualidade é relativa. Ao conversar, posicionam-se bem próximo do interlocutor. O aperto de mão e os títulos são muito apreciados. Cultuam a aparência e também a memória do presidente Juan Domingo Perón e sua mulher, Evita, além de Carlos Gardel, famoso cantor de tangos.

China

Guardando a influência inglesa da época do colonialismo, Hong Kong é uma das mais modernas e capitalistas metrópoles chinesas. O comércio é intenso e há muitas novidades eletrônicas. Os chineses são corteses, formais e observantes nas questões de precedência. Respeitam a idade e a posição hierárquica. O marketing pessoal e a imagem são muito valorizados. A culinária exótica é apresentada ao turista de forma peculiar e deve ser aceita sem preconceitos, pois recusá-la é ofensivo. O cartão de visita deve ser confeccionado em chinês e inglês, e oferecido com as duas mãos. A maioria dos executivos fala o inglês. As mulheres são respeitadas no mundo dos negócios.

Cingapura

Colônia da Inglaterra durante o século XIX, Cingapura tem o porto mais movimentado do mundo. Sua culinária é muito variada e o número de pratos é grande por refeição. Esteja preparado para apreciá-los, pois recusar alimento é malvisto, assim como deixar porções de comida no prato. Ao sorver a sopa costuma-se fazer um ruído para demonstrar que está saborosa. Ao cumprimentar um ocidental, o fazem com leve aperto de mão e pequena curvatura de corpo. Na conversação, costumam se aproximar de seus interlocutores. O cartão deve estar impresso em chinês e inglês e ser entregue com as duas mãos. Nos negócios, são pontuais e o traje exigido é sempre o formal. Apreciam muito o terno azul-marinho. As mulheres se destacam como grandes empresárias. Apesar de apreciarem receber presentes, não os abrem na frente da pessoa que os ofertou, pois não valorizam o presente e, sim, o gesto. As cores mais indicadas para a embalagem são a vermelha e a dourada; a branca indica luto para o asiático.

Estados Unidos da América

Os americanos são objetivos e pontuais, seguindo o adágio *time is money*, "tempo é dinheiro". Café da manhã é a refeição preferida para discutir negócios. Usam trajes formais: terno e gravata. O cumprimento é feito através de um aperto de mão firme, olhando a pessoa nos olhos. O tratamento deve ser feito pelo sobrenome. Se você quiser usar o nome, peça permissão antes, para evitar constrangimento.

França

O café da manhã não é o período mais indicado para marcar uma reunião com os franceses. Antes do encontro, lembre-se sempre de confirmá-lo por telefone ou e-mail. São pontuais e um leve aperto de mão na chegada e na saída é usual. Você marcará pontos se souber a língua francesa ou ao menos algumas palavras em francês. Evite conversar com a mão no bolso, bocejar, falar alto. Não usam o primeiro nome nas transações comerciais. Apreciam ternos e gravata de cores sóbrias.

Inglaterra

A formalidade e a pontualidade são virtudes características dos ingleses. Valorizam títulos e honrarias. Apreciam jardinagem e animais domésticos. Respeite, ainda que não concorde, a veneração à rainha e à monarquia. Traje-se de acordo com o evento, mas dê preferência às roupas mais formais.

Itália

Apesar de conhecidos como os mais informais dos povos europeus, os italianos são sérios e muito profissionais nos negócios. Seja pontual e cumprimente-os com um aperto de mão ao chegar e ao sair. Os italianos tratam as pessoas pelo sobrenome e pelo título (Ex.: Engenheiro Bianchini). Os homens e as mulheres italianos primam pela imagem e bem-vestir. Usa-se terno e gravata nas reuniões de negócios. O preto é a cor preferida nas calças e camisas ou camisetas nas reuniões informais. Os óculos escuros estão sempre presentes, com *designs* lindíssimos.

Japão

Dentre os povos asiáticos, os japoneses são aqueles com os quais estamos mais familiarizados, tendo em vista a grande colônia aqui existente, principalmente na região sudeste. Isso não quer dizer, porém, que conhecemos bem essa cultura milenar.

Japão quer dizer "terra do sol nascente". O monte Fuji (*Fuji-san*, como é chamado carinhosamente pelos japoneses) está presente em todos os cartões postais do Japão. A doutrina pregada por Confúcio (551- 479 a.C.) serviu de base moral para a política e a sociedade. A comida japonesa é hoje muito apreciada em todo o mundo. Para os japoneses, uma refeição agradável deve satisfazer todos os sentidos: olfato, visão, tato, gosto e audição. O *sushi bar* é o templo do *sushi man*, considerado mais do que um chefe de cozinha, por isso merece respeito, tratamento especial e condizente.

Recomendamos a turistas e viajantes a negócios que se informem sobre os costumes e as regras relacionadas à alimentação antes de se dirigir a um restaurante ou a um evento. A seguir, alguns conselhos extraídos da revista *Made in Japan*.

- Nunca deixe sobrar comida no prato, pois significa desperdício.

- Jamais passe a comida do seu *hashi* para o de outra pessoa.

- Não espete o *hashi* na comida.

- Nunca puxe a tigela *tchawan* com o *hashi*.

- Não fique gesticulando com o *hashi* na mão.

- Não morda o *hashi*.

- O *hashi* deve ficar apoiado em paralelo, nunca cruzado à beira da mesa. Caso o restaurante não tenha o apoiador, improvise um, dobrando a embalagem em formato de nó.

- Não corte o *sushi* (bolinho de arroz) nem o *sashimi* (fatia de peixe cru) com faca. Também não convém utilizar garfo e faca nos utensílios japoneses, feitos de fina porcelana ou de madeira laqueada.

- O recipiente do *shoyo* é individual, não o compartilhe com os outros.

- O *shoyo* deve somente acompanhar os peixes crus.

- Nunca sirva, nem os pratos nem a bebida, aos convidados com a mão esquerda ou girando a mão para fora.[1]

---

[1] Uma curiosidade: a etiqueta japonesa data do início no século XVI, quando os samurais estabeleceram as regras de conduta usadas pela elite e pelos guerreiros. Vem desta época o costume de servir a um aliado com a mão direita e ao inimigo com a mão esquerda.

- O anfitrião deve servir seu convidado o tempo todo.

- O *missochiro*, o *udon* e o *somen* (sopas) nunca devem ser tomados de colher. Sorva-as levando a *tchawan* (tigela) à boca.

- A toalhinha (*oshibori*) levada à mesa serve para limpar as mãos e o rosto.

No Brasil, existem três tipos de restaurantes japoneses: 1) os direcionados aos japoneses, com cardápio em japonês, nos quais o próprio gerente serve a mesa (se você não fala japonês, é melhor não escolher este); 2) os direcionados aos *nikkeis* (descendentes de japoneses com outras raças) e aos apreciadores da culinária japonesa; 3) os restaurantes japoneses "americanizados".

Seja pontual num encontro de negócios com um executivo nipônico. O atraso é sinal de desrespeito e pode pôr tudo a perder. Caso não possa comparecer, não mande outra pessoa em seu lugar. É preferível cancelar o encontro. Ao cumprimentar, o anfitrião curva-se ante o convidado, que tomará a iniciativa de estender-lhe ou não a mão. Nas apresentações, quem apresenta deve dizer o nome completo e a qualificação do apresentado. A pessoa hierarquicamente menos importante saúda em primeiro lugar e é conduzida ao mais importante.

Antes de reservar o restaurante, verifique se seu convidado prefere as salinhas privadas ou sentar-se à mesa, no salão. O pedido pode ser feito, também, com antecedência. Segundo a etiqueta japonesa, o convidado escolhe o lugar à mesa. Caso ele decline da precedência, cabe ao anfitrião indicar-lhe o melhor lugar, que será na ponta ou no meio da mesa, com a melhor visão do ambiente. Se seu convidado já conhece o local, deixe que ele escolha o prato e peça um parecido. Caso contrário, pergunte-lhe do que gosta ou dê sugestões. Faça o pedido e indique ao garçom que sirva primeiro seu convidado.

Em reuniões de negócios, os japoneses preferem o *miswari* (uísque com água) ou cerveja. O saquê, servido quente ou frio, é reservado para os brindes. O homem pode pegar a garrafa de saquê com uma mão, mas as mulheres devem pegar com as duas mãos. É aconselhável que o anfitrião beba junto com o convidado, mas se você não bebe, peça desculpas por não o acompanhar.

Não deixe a conta vir à mesa. Levante-se com antecedência e acerte a conta no caixa. Ao final, cabe ao convidado levantar-se primeiro, indicando que a reunião está encerrada.

O sucesso nos negócios com parceiros japoneses depende, em grande parte, da confiança mútua. É muito importante para os japoneses a posição social do indivíduo. Evite falar alto ou gesticular, pois para eles esses são gestos vulgares. O equilíbrio é um princípio fundamental. Não se esqueça da postura correta ao sentar-se. Costas retas, pernas pendentes, sem cruzar.

Os japoneses preferem roupas clássicas, cores sóbrias, escuras e neutras. Os cartões, em uma reunião de negócios, são distribuídos em abundância e apresentados com as duas mãos. Devem estar impressos em inglês e japonês.

Algumas características japonesas:

- O golfe é o esporte mais popular do Japão.
- Ao brindar não diga "tim-tim", pois em japonês significa o órgão sexual masculino.
- Não aponte com o dedo, vire a palma da mão para cima na direção desejada.
- Japoneses relutam em dizer não, sugerem a negativa ou desaprovação, abanando a mão diante do rosto.
- Para dizer "sou eu" tocam a mão no nariz e não no peito.
- Na arte de presentear, não abra o presente à vista de quem lhe presenteou.
- Não se costuma dar gorjeta no Japão.
- Em uma reunião, não mencione a palavra "advogado" para não dar a impressão de ameaça.

Não espere fechar negócios em poucos contatos. A paciência e a confiança, para os japoneses, são virtudes. O respcito por seus indivíduos, companhias e ideais é a sustentação da sua etiqueta.

Algumas palavras em japonês:

- *irashaimare* – "seja bem-vindo"
- *kon-nichi-wa* – "bom-dia"
- *konban-wa* – "boa-noite"
- *sayonara* – "até logo"
- *arigatô* – "obrigado" (formal)
- *arigatô gozatmash'ta* – "obrigado" (informal)
- *onegai* – "por favor" (pedido)
- *dozo* – "por favor" (no sentido de "entre")
- *he* – "não"
- *hai* – "sim"

Mundo árabe (Arábia Saudita, Egito)

Os usos e costumes do mundo árabe estão diretamente ligados à religião islâmica e ao Alcorão, livro sagrado do Islamismo. Os mulçumanos seguem o calendário lunar que varia de país para país. Sexta-feira é o dia santificado, por isso não realizam negócios nesse dia, assim como no nono mês do calendário mulçumano, reservado ao ramadã (mês em que praticam jejum ritual).

Portanto, atenção a esses detalhes quando forem marcar viagem ou reunião de negócios.

Não são muito pontuais no cumprimento de horários. Cartões de visitas, impressos em árabe e inglês, são trocados no início da reunião. O aperto de mão, em geral muito suave, pode ser acompanhado de um toque no braço ou no ombro. Às vezes, podem segurar sua mão por um tempo, como prova de amizade e retirá-la será sinal de grosseria. Numa conversa, os árabes gostam de ficar juntinhos. Nas reuniões de negócios, o visitante é apresentado ao dono ou presidente da empresa que o convida a sentar-se ao seu lado, no lugar de honra. Deve-se tomar cuidado, quando sentado e ao cruzar as pernas, para não mostrar a sola do sapato, pois para os mulçumanos é um grave sinal de desrespeito. Nessas reuniões, não se deve ter pressa para fechar negócios, comprar ou vender. Na escala social, são hospitaleiros e cordiais, mas não aceitam familiaridades, por serem reservados. A companhia das mulheres muitas vezes não é aceita nos jantares de negócios ou eventos sociais. As mulheres devem evitar o uso da calça comprida, assim como assuntos que versem sobre religião, sexo e política.

A aparência é muito valorizada no mundo árabe. Assim como no Ocidente, demonstra status e poder. Para visitas de negócios, recomendamos ternos de cor escura e gravata, mesmo enfrentando altas temperaturas.

Quanto à culinária árabe, é conhecida e bastante apreciada por nós brasileiros. A comida árabe é sempre farta e variada. Para o mulçumano, pegar o prato com a mão direita é um menosprezo pela refeição. O chá não deve ser recusado. Excelente anfitrião, o árabe gosta de receber visitas e novos amigos com fartura, música e dança. A carne de vaca não é apreciada. Comem carne de carneiro, aves, peixes e caça. Carne de porco é proibida pelo Alcorão. Utilizam as mãos para comer. Os convidados devem seguir os hábitos do anfitrião, caso este não decline de seus costumes.

Curiosidades

- Judeus ortodoxos não comem carne de porco e seus derivados, frutos do mar e algumas espécies de peixes e também não misturam carne com leite.

- Na Argentina, cruzar os talheres no prato indica que você acabou de comer.

- Os franceses não utilizam o pratinho para o pão. Descansam-no ao lado do prato, diretamente na mesa.

- Para os mexicanos, mão na cintura é sinal de agressividade.

- Os tailandeses, para dizer "sim" movimentam a cabeça para os lados, o que, para nós, é sinal de "não".

- Em Cingapura, não toque o topo da cabeça de ninguém, pois para eles é onde residem os espíritos.

- Os islâmicos rezam cinco vezes ao dia. A bússola é o presente preferido, pois os ajudam a achar a direção de Meca.

- Nos países árabes, os homens passeiam de mãos dadas, sinal de apreço.

- Na Rússia, não chame ninguém de "camarada", resquício da época comunista. Amigos se beijam na boca (selinho).

- O branco, para os japoneses, é a cor do luto, assim como o lilás, para os egípcios.

- No Japão, se for ao toalete, deixe seus sapatos do lado de fora. Dentro, encontrarão outros, só para esta finalidade.

- Na Alemanha, quando pedir uma cerveja, faça o sinal de positivo. Se você levantar só o indicador, o garçom ou garçonete lhe trará duas cervejas.

- Para o americano, o gesto de unir o indicador ao polegar em círculo, significa tudo bem. Para nós, brasileiros, é um gesto obsceno.

- Assoar o nariz em público é ultrajante no Japão.

Cidadania
e responsabilidade social

Em seu livro *Aprendiz do futuro*, Gilberto Dimenstein, apoiando-se no texto da Constituição, define:

Cidadania é a síntese das conquistas dos direitos obtidos pelos homens, orientados por um princípio básico: todos são iguais perante a lei, independentemente da raça, cor, sexo, religião e nacionalidade.[1]

A palavra "cidadania", hoje, ganhou conotação mais ampla. Não se restringe apenas a direitos e deveres do cidadão para com ele mesmo e para com sua Pátria, mas também para com o mundo e não pode ser desvinculada da prática diária da vida.

Este livro pretende mostrar ao leitor que o exercício da cidadania, ou seja, atitudes centradas no respeito, na cordialidade e na ética, são fatores essenciais para se viver em harmonia com as pessoas, a sociedade e o meio ambiente.

---

[1] DIMENSTEIN, Gilberto. *Aprendiz do futuro*: cidadania hoje e amanhã.

Ao longo da história, inúmeras tentativas foram feitas na busca da harmonia entre povos e nações. Logo após a II Grande Guerra, países do mundo inteiro se reuniram a fim de elaborar leis que favorecessem a paz, a liberdade e a igualdade entre os povos. Surgiu, então, a Declaração Universal dos Direitos Humanos, adotada pela ONU em 1948, compreendendo direitos civis, políticos, econômicos, sociais e culturais. Ainda assim, esta tão sonhada paz ainda parece distante.

Cidadania e igualdade

Sabemos que cidadania significa igualdade de oportunidades para todas as pessoas. É saber usar a liberdade convivendo com as diferenças. É dar prioridade ao bem-estar coletivo em prol do bem-estar individual. O que vemos, entretanto, são pessoas sofrendo a humilhação da fome, do desemprego e da marginalização, apesar de estarmos vivendo em uma época de grande evolução tecnológica, de avanços em todas as áreas da ciência. A globalização nos fascina e nos torna cidadãos do mundo, mas também nos amedronta, com os graves problemas sociais que proliferam a cada dia.

O que é, então, ser cidadão? Segundo Herbert de Souza,

Cidadão é o indivíduo que tem consciência de seus direitos e deveres e participa ativamente de todas as questões da sociedade. Tudo que acontece no mundo, seja no meu país, na minha cidade ou no meu bairro, acontece comigo. Então eu preciso participar das decisões que interferem na minha vida. Um cidadão, com forte sentimento ético e consciência da cidadania, não deixa passar nada, não abre mão desse poder de participação.[2]

Viver esse papel de cidadão é saber transformar atitudes passivas em proativas. É assumir-se como agente transformador na construção de um mundo melhor, a começar pela família, pelo trabalho e pela sociedade. Mas, ao mesmo tempo, falar sobre cidadania hoje, num país como o nosso, onde imperam desigualdades e contradições, não parece utopia?

Neste início de século, um triste cenário social se descortina: o desrespeito ao meio ambiente, a falta de justiça social, o desmando pelo que é público, a corrupção em todos os âmbitos e uma abalada estrutura familiar.

Para reverter este cenário, não podemos ser meros expectadores. É premente que cada cidadão se mobilize em sua família, na escola, perante a sociedade e o Governo. Precisamos assumir nossa corresponsabilidade e colocar nossas energias em ações que potencializem

---

[2] SOUZA, Herbert de; RODRIGUES, Carla. *Ética e cidadania.*

transformações positivas para nós mesmos, para a comunidade. Procurar fazer o melhor possível pelo dia a dia de todas as pessoas, permitindo, assim, que todos sejam inseridos na sociedade, exercitando seus direitos e deveres pelo bem-estar de todos.

Existe, hoje, um movimento mundial contra a fome e a miséria, consequências da falta de emprego, saúde, educação, moradia e saneamento básico. No Brasil, esse movimento surgiu com Herbert José de Souza, o Betinho, e cresceu ao longo dos anos, envolvendo comunidades populares, ONGs, empresas privadas e Governo, com projetos a favor do idoso, da criança e da formação social e profissional de adolescentes.

Bons exemplos, pelos quais a dignidade humana agradece.

Cidadania e educação

A educação nos parece ser a única esperança para a construção de um mundo melhor, pois ela tem o poder de transformar a realidade. O acesso ao conhecimento, a igualdade de oportunidades, a mudança de paradigmas são fatores relevantes para a construção de uma cidadania individual e participativa.

Partindo desses pressupostos, por que não começarmos essa transformação pela criança?

A criança, durante sua fase de desenvolvimento, está envolvida em uma teia de influências de muitas naturezas em seus espaços sociais. Na maioria das vezes essas influências são tomadas como modelo, já que a atual estrutura familiar não consegue mais oferecer o suporte necessário à formação do indivíduo como um todo, em decorrência de diversos fatores.

- A relação entre pais e filhos, que antes era caracterizada pelo distanciamento dentro de um conceito rígido de formalismo e respeito, foi substituída por maior intimidade, o que, por si, foi muito bom. No entanto, a ruptura nos padrões da educação levou a informalidade a extremos tais que as crianças, por não encontrarem mais limites, se tornam pequenos tiranos, arrogantes e prepotentes. O resultado disto é a crescente agressividade, o famigerado bullying.

- A emancipação feminina e o desejo da mulher de se realizar profissionalmente fazem com que, muitas vezes, as mães deleguem à empregada e à escola a educação de seus filhos, que crescem sem um modelo familiar sólido. A criança cresce tendo como referência os valores transmitidos pela mídia, principalmente pela televisão e internet, e sofre forte influência de amigos na escola, na rua, na sociedade. Paralelamente, muitos pais, às vezes sem perceber, compensam sua ausência com bens materiais, tornando suas crianças materialistas e consumistas. Assim, "o ter substitui o ser".

- Sem noções básicas de convivência e desprovidas de autoestima, muitas crianças são abandonadas ou exploradas pelos pais; crescem sozinhas, sem os requisitos básicos de sobrevivência. Como exigir que essa criança respeite a si mesma e aos outros, tenha orgulho de sua pátria, se não é considerada pela sociedade? Se não é respeitada, como pedir que respeite alguém?

- Apesar de todos os esforços de entidades no Brasil e no mundo no combate ao trabalho infantil, essa realidade ainda nos assombra: nas cidades, crianças pedem esmola nos semáforos; na zona rural, trabalham mais de 10 horas por dia, muitas vezes em condições subumanas, em carvoarias, na secagem de sisal, na lavoura. Deixam de lado a escola, as brincadeiras que estimulam a criatividade e perdem parte importante do desenvolvimento, da vida, colocando ainda em risco a saúde. A carência alimentar, a falta de vitaminas e proteínas, prejudicam o crescimento físico e neurológico e, como consequência, ficam mais vulneráveis a todo tipo de doença, apresentam raciocínio lento e dificuldades de aprendizagem.

A criança deve, desde cedo, aprender a interpretar e reproduzir atitudes positivas. Estas serão as principais ferramentas que a capacitarão a usufruir uma vida equilibrada e feliz. Sua formação deve ser ampla e profunda. Noções de cidadania, de ética e de boas maneiras devem lhe ser transmitidas rotineiramente. A prática educativa deve ter como base uma filosofia destinada à educação transformadora e democrática. Buscar valores na herança cultural, analisar a vida presente e objetivar um futuro cada vez melhor.

Investir no ser humano e, principalmente, na educação da criança é ter esperança em tempos melhores, em um futuro promissor. Para isso, é preciso oferecer-lhe meios para o reconhecimento e valorização de seu "eu"; dar-lhe autoconfiança, para vencer os desafios da vida e triunfar.

Com certeza, tudo isso brotará na criança se ela começar a tomar consciência de que vive em sociedade. Desse modo, terá condições de exercitar sua cidadania com ações positivas, desde pegar um papel no chão e jogá-lo no lixo, não depredar o patrimônio público, ceder seu lugar no transporte coletivo a idosos, gestantes e pessoas com deficiência, até saber se comportar numa festa cívica, perante a bandeira brasileira ou cantando o hino nacional.

Só assim, estaremos formando cidadãos íntegros, sem preconceitos, conscientes, solidários, amáveis, felizes e capazes de usufruir a liberdade com responsabilidade e respeito mútuo.

Somos jovens, podemos tudo!

Recentemente, o diretor de um centro escolar na Alemanha, diante de casos de agressão entre os alunos e falta de respeito perante os professores, criou a disciplina "Tratos, modos e conduta", na qual os estudantes aprendem e treinam regras básicas de comportamento. O fato gerou polêmica e, segundo o professor, só por isso ficou demonstrada sua importância e a necessidade de se discutir a questão.

Percebe-se que as falhas na educação de adolescentes e jovens não estão reservadas aos países subdesenvolvidos – uma constatação que reforça a ideia de quão essenciais são as informações contidas neste livro.

Sem dúvida, o ideal seria ensinar regras de convivência e bons modos às crianças o mais cedo possível, mas sempre é tempo para aprender.

Ah! A juventude! Época intensa, dos primeiros amores, das baladas, de risos e maus humores, da incoerência e da irreverência, de sonhos e decisões que influenciarão o resto da vida: a escolha da carreira universitária, da profissão, o primeiro emprego.

A cada geração os costumes se transformam. Se Marcelino de Carvalho (escritor brasileiro de boas maneiras do século passado) presenciasse, hoje, dois jovens cumprimentando-se, não entenderia nada: "E aí?", "Oi, mano", "Fala, brother". O vocabulário é cada vez mais descontraído, abreviado, com muitas gírias e até mesmo palavrões. Essas características da linguagem falada são reproduzidas na escrita, nos chats e mensagens eletrônicas da internet.

Gestos e demonstrações de afeto são cada vez mais explícitos, mas nem sempre são bem-aceitos em lugares públicos, muito menos em ambientes formais e no ambiente de trabalho, dentro de empresas e organizações.

Professores se queixam do comportamento dos alunos e do quanto é difícil conseguir o silêncio necessário em sala de aula. Se pensarmos em alunos universitários, na faixa dos 20 anos, concluímos que muitos ainda são imaturos e agem como se fossem adolescentes. Saem da universidade com um diploma, mas não parecem prontos para assumir um cargo significativo, para lidar com clientes, enfim, seguir as regras de conduta exigidas pelo mercado de trabalho.

São jovens: gostam de festas, querem celebrar suas vitórias de forma descontraída, porém, na maioria das vezes, não se preocupam em saber se o local é apropriado e se a alegria de alguns provocará transtornos à comunidade.

A própria entrada na universidade, que deveria ser um momento de congraçamento, hoje se tornou um pesa-

159

delo para o jovem calouro e seus familiares, por causa dos trotes violentos, nos quais os veteranos se esquecem do valor mais elementar da convivência humana: o respeito à vida. Algumas universidades, sensibilizadas, passaram a adotar o "trote solidário", com propostas de trabalho comunitário, para um início de vida universitária mais louvável.

Como fazer o jovem entender que uma mudança de comportamento se faz imprescindível? Se ele quiser inserir-se na vida social e no mercado de trabalho, altamente competitivo e globalizado, deve entender que:

- cada dia valoriza-se mais o trabalho em equipe;
- as relações interpessoais harmoniosas são necessárias para se atingir metas e objetivos;
- boas maneiras são fundamentais, não basta ter formação acadêmica e habilidades técnicas, como domínio de vários idiomas ou diploma de MBA.

Atentas a isso, universidades americanas e europeias agregam a sua grade extracurricular, cursos comportamentais e de postura, ministrados em parceria com consultorias especializadas no assunto.

O jovem, ao pretender ingressar no mercado de trabalho, deve conhecer e praticar os principais aspectos do comportamento empresarial, das regras básicas de convivência, indispensáveis nas relações socioprofissionais e na comunicação interpessoal, reflexo de suas habilidades e personalidade.

O segredo do bom profissional está na busca do equilíbrio perfeito de todas as suas habilidades, sem se esquecer, no entanto, de sua responsabilidade social como cidadão. Desse modo, o jovem profissional sentir-se-á mais confiante e estará apto a enfrentar as temerárias entrevistas de emprego e as novas exigências do mercado.

Idoso, eu?

Não poderíamos finalizar este livro sem falar da parte da população que mais cresce no mundo: os idosos. No Brasil, segundo matérias publicadas na mídia, o contingente de pessoas acima de 60 anos poderá chegar a 34 milhões nos próximos anos.

Utilizam-se muitos eufemismos para definir a velhice. Ouve-se de tudo: "terceira idade", "melhor idade"... Já que a longevidade chegou para ficar, que tal adotarmos a "real idade"? O importante é encarar a velhice como um privilégio, uma bênção a quem já viveu a infância, a juventude e a maturidade.

Nesse período da vida, o ser humano precisa de cuidados especiais, apoio e segurança. Manter a mente ocupada, praticar exercícios físicos, ter vida social, cultivar amizades e conviver com a família são requisitos importantes para superar muitas doenças causadas por solidão, desânimo, inatividade, dependência econômica e perda do(a) companheiro(a). Manter-se ativo e integrado na sociedade é importante, assim como o carinho é fundamental.

Com o recente Estatuto do Idoso, muitas conquistas foram-lhe outorgadas: adequação de degraus e rampas em ruas e transportes públicos, descontos em cinemas, teatros, shows, gratuidade nos transportes públicos, estacionamentos exclusivos, implantação de universidades da terceira idade etc.

O idoso tem prioridade na tramitação de processos na Justiça, em empresas prestadoras de serviços públicos e em instituições financeiras. Denúncias e processos contra maus-tratos também são geralmente agilizados.

Espera-se que as pessoas respeitem e valorizem mais os idosos, resgatando-lhes a dignidade. Assim, com maior autoestima, poderão viver de forma saudável e tranquila. Ao mesmo tempo, espera-se das pessoas mais experientes e vividas, atos coerentes e que sirvam de exemplo às novas gerações.

A idade faculta ao cidadão acima de 60 anos alguns privilégios. Contudo, o bom senso e o respeito devem nortear todas as etapas do convívio humano. A preferência no atendimento e em filas de supermercados ou bancos, por exemplo, não dá direito a acotovelar os demais ou passar à frente sem pedir licença. Um sorriso e um pouco de delicadeza ao pedir "por favor" que alguém mais jovem ceda o assento no transporte público são exemplos de boa conduta em sociedade. O respeito entre as pessoas deve ser mútuo, não importa a idade.

Lembretes oportunos:

- Em viagens ou excursões, não ocupe sempre os melhores lugares, sem se importar com os outros companheiros, que também têm os mesmos direitos de admirar uma bonita paisagem.

- Nos hotéis, principalmente no Brasil, o café da manhã prima pela variedade de opções. É impossível usufruir tudo que é oferecido de uma vez, mas isso não dá o direito de levar sanduíches, iogurtes, geleias e frutas para serem saboreados mais tarde. Em festas, também não pegue doces e salgados para levar para casa, mesmo que seja pensando nos netos que não compareceram.

- Não deixe de comparecer a festas e recepções familiares para ficar em casa cuidando dos netos, quando seus filhos casados também forem convidados. Procure ir e divertir-se. Outras oportunidades surgirão para seus filhos, quando você terá o maior prazer em ajudá-los, ficando com as crianças.

- Em qualquer ambiente, demonstre elegância, sendo educado. Deixe sempre uma boa impressão.

- Não é por ser idoso que você pode relaxar quanto à aparência. Mantenha a higiene e o asseio, as roupas impecáveis. Quanto à postura, principalmente as mulheres que usam saia devem tomar cuidado ao sentar-se.

- É de bom tom agradecer a quem lhe conceder gentilezas: o assento no transporte público, a preferência no atendimento, a passagem por uma porta.

O respeito e a valorização do idoso precisariam ser cultivados e incentivados por todos os meios de comunicação, pois estes têm forte influência sobre crianças e jovens. Sábios são os orientais que veem os mais velhos como templos de sabedoria de vida. "Respeitar o idoso, é respeitar a si mesmo."

Convivência pacífica entre fumantes e não fumantes

A Lei Estadual n. 13.541, de 7 de maio de 2009, proibiu o consumo de cigarro, cigarrilhas, charutos, cachimbos ou qualquer outro produto fumígeno, derivado ou não do tabaco, no estado de São Paulo. A norma serviu de modelo para leis antifumo em outros estados, como o Rio de Janeiro, Paraná, Rio Grande do Sul, Ceará, Distrito Federal, Espírito Santo, Goiás, Maranhão,

Minas Gerais, Santa Catarina, Mato Grosso, Mato Grosso do Sul, Paraíba, Rondônia, Sergipe e Tocantins.

Se seguíssemos as regras sociais de respeito ao próximo, não haveria necessidade de transformar o ato de fumar em contravenção. Mas, muitas vezes, até mesmo as leis são descumpridas se a punição for apenas moral e não atingir também o bolso.

É notório que o cigarro faz mal à saúde. São inúmeros os tratados científicos que alertam e provam os danos à saúde não só de quem fuma, mas também daqueles que não fumam e estão expostos à fumaça – os fumantes passivos.

Com a lei, a convivência entre fumantes e não fumantes melhorou, até porque não há como esquecer a proibição de fumar em locais fechados. Sinalizações estão afixadas em todos os lugares visíveis. Mas, como nem sempre existe bom senso, algumas atitudes podem ajudar nessa relação.

- *Fumante*: se você não consegue ficar sem fumar, e não quer passar pelo constrangimento de ser abordado em público, dirija-se a um local aberto munido de um cinzeiro ou algum recipiente que possa receber as cinzas e a bituca de seu cigarro – que não é biodegradável, entope bueiros, polui rios e prejudica animais que a confundem com alimento. Seja cidadão e não suje as vias públicas! Preserve a saúde das outras pessoas, principalmente de seus familiares, crianças e idosos, e evite fumar perto de quem não fuma, mesmo estando em casa. Reflita sobre seus hábitos e pense se não é hora de buscar ajuda para largar o vício.

- *Não fumante*: seja educado e não banque o xerife, alardeando em altos brados se alguém está infringindo a lei antifumo ao seu lado. Chame a pessoa responsável pelo local e, discretamente, avise-a do seu incômodo para que sejam tomadas as providências cabíveis.

Como sempre, boas maneiras e respeito devem estar sempre presentes como facilitadoras na boa convivência entre as pessoas.

Amor pela Pátria

O recado final é dedicado à valorização do sentimento patriótico, do amor à Pátria, que se manifesta de inúmeras maneiras. Uma delas é a reverência ao Hino Nacional, que deve ser bem cantado e permanecer na memória e no coração de todos.

Que bom seria se todos compreendessem o valor deste símbolo... Brasil, pátria amada! Não existe no mundo nação igual!

Transcrevemos a seguir a letra do hino e lembramos que, mesmo apresentado através de uma orquestra ou banda, após a sua execução não se deve bater palmas!

Hino Nacional brasileiro

Música: Francisco Manuel da Silva
Letra: Joaquim Osório Duque Estrada

Ouviram do Ipiranga as margens plácidas
De um povo heroico o brado retumbante,
E o sol da liberdade, em raios fúlgidos,
Brilhou no céu da pátria nesse instante.

Se o penhor dessa igualdade
Conseguimos conquistar com braço forte,
Em teu seio, ó liberdade,
Desafia o nosso peito a própria morte!

Ó Pátria amada,
Idolatrada,
Salve! Salve!

Brasil, um sonho intenso, um raio vívido
De amor e de esperança à terra desce,
Se em teu formoso céu, risonho e límpido,
A imagem do Cruzeiro resplandece.

Gigante pela própria natureza,
És belo, és forte, impávido colosso,
E o teu futuro espelha essa grandeza.

Terra adorada,
Entre outras mil,
És tu, Brasil,
Ó Pátria amada!
Dos filhos deste solo és mãe gentil,
Pátria amada,
Brasil!

Deitado eternamente em berço esplêndido,
Ao som do mar e à luz do céu profundo,

Fulguras, ó Brasil, florão da América,
Iluminado ao sol do Novo Mundo!

Do que a terra, mais garrida,
Teus risonhos, lindos campos têm mais flores;
"Nossos bosques têm mais vida",
"Nossa vida" no teu seio "mais amores".

Ó Pátria amada,
Idolatrada,
Salve! Salve!

Brasil, de amor eterno seja símbolo
O lábaro que ostentas estrelado,
E diga o verde-louro dessa flâmula
– "Paz no futuro e glória no passado".

Mas, se ergues da justiça a clava forte,
Verás que um filho teu não foge à luta,
Nem teme, quem te adora, a própria morte.

Terra adorada,
Entre outras mil,
És tu, Brasil,
Ó Pátria amada!
Dos filhos deste solo és mãe gentil,
Pátria amada,
Brasil!

Apêndice

FAQ – Perguntas frequentes

Registramos aqui as dúvidas mais frequentes observadas nos nossos treinamentos e que funcionam como um resumo de tudo o que apresentamos neste livro.

Acreditamos que você, leitor, irá se identificar com alguma delas, porque representam pequenos detalhes do dia a dia sobre os quais, por vezes, surgem questionamentos. Quem não se atrapalha de vez em quando? O mais importante é encarar qualquer situação com autocontrole, bom humor e discrição.

P.: *Fico inibido ao entrar num ambiente com muita gente. O que devo fazer? Devo cumprimentar todos que encontrar pelo caminho?*

R.: Aja com tranquilidade e não entre de supetão. Respire fundo, observe o ambiente para sentir-se confiante. Só então entre no recinto, focando um ponto à sua frente, que poderá ser um quadro, uma obra de arte ou alguém conhecido. Acene com um sorriso ou com um leve movimento de cabeça a quem encontrar pelo caminho. Se encontrar o anfitrião, pare e corresponda ao cumprimento que lhe for dirigido.

P.: *O que fazer quando encontramos um amigo no restaurante? Posso ir até sua mesa cumprimentá-lo, estendendo-lhe a mão?*

R.: Demonstre que o viu, cumprimente-o com um sorriso ou leve aceno de cabeça. Não há necessidade de ir até a mesa, mas caso vá, evite estender a mão. Pressupõe-se que, quem está sentado, já está com as mãos limpas, mas se a pessoa lhe estender a mão, corresponda, pois não se deixa ninguém de mãos estendidas.

P.: *Costumo descer no elevador com a mesma pessoa. Já a cumprimentei duas vezes e não obtive resposta. Desisti e não a cumprimento mais. Estou certo?*

R.: As boas maneiras determinam que após cumprimentar alguém algumas vezes e não obter resposta fica-se liberado para seguir seu sentimento. Mas há pessoas que não se sentem bem ao encontrar alguém num recinto tão pequeno e fechado e ignorá-lo, como se fizesse parte do elevador.

P.: *Não gosto de estender minha mão para cumprimentar alguém, porque as tenho geladas. Como fazer para não parecer ser antipático?*

R.: Procure ser natural e antecipe seu cumprimento com um sorriso, um aceno de cabeça, e expresse-se verbalmente: "Como vai? Tudo bem?". Mas se este lhe estender, retribua, mesmo com sua mão gelada. Seria descortês deixá-lo com a mão estendida.

P.: *Sou porteiro e, aqui no prédio, chamo todos de "doutor". Estou certo?*

R.: Não. O tratamento correto é "senhor", "senhora". Nada de "seu", mas também não é necessário "doutor". Essa é forma de tratamento indicada para médicos, dentistas, advogados, ou para as pessoas que concluíram o doutorado após ter defendido tese em alguma disciplina literária, artística ou científica.

P.: *O que fazer quando sinto que vou espirrar? E quando alguém espirra perto de mim? Ainda se usa dizer "saúde"? O que fazer para controlar o bocejo no meio de uma reunião?*

R.: Uma das sugestões quando temos vontade de espirrar é respirar fundo e ter sempre à mão um lenço mesmo de papel. Os desejos de saúde não são necessários.

Quanto aos bocejos pode ser sinal de estômago vazio ou simplesmente cansaço. Ampare com um lenço, também ao bocejar.

P.: *Meu colega de trabalho, que se senta ao lado de minha mesa, cheira a suor e me incomoda, mas fico constrangido de avisar-lhe sobre o seu odor. E quanto ao mau hálito?*

R.: Se tiver intimidade com a pessoa, é um gesto delicado e amigo avisá-la sobre sua condição, com muito tato e evitando magoá-la. Caso não possuam vínculo suficiente, solicite a alguém mais próximo que converse sobre o assunto. A pessoa que recebeu o aviso deve sentir-se agradecida e buscar as soluções adequadas, como, por exemplo, uma visita ao dentista, a um gastroenterologista ou a um endócrino, no intuito de sanar esse problema.

P.: *Posso tomar vinho branco ao comer carne vermelha? E afinal é "o champanhe" ou "a champanhe"?*

R.: A escolha do tipo de vinho depende do paladar e do clima. Como o vinho tinto é servido na temperatura ambiente, é mais indicado consumi-lo nos dias frios. E "champanhe" é um tipo de vinho, portanto deve-se falar no masculino.

P.: *Sou homem, mas se a minha acompanhante pedir vinho, quem deve provar?*

R.: Supõe-se que a pessoa que pediu deve conhecer o vinho. Nesse caso, é ela que deve prová-lo.

P.: *Como retirar o caroço da azeitona da boca e onde colocá-lo?*

R.: Se você levou a azeitona do antepasto à boca com a mão, deve desprezá-la diretamente na mão em concha, próxima à boca. Porém, se encontrar uma azeitona com caroço ao comer torta ou outro alimento que foi levado à boca com o garfo, desprezc-o no garfo, com o cuidado de deixar a outra mão como anteparo por baixo. Em ambas as situações, o caroço de azeitona deverá ser colocado na borda do prato principal, à sua frente.

P.: *Posso comer frango com a mão?*

R.: O frango "a passarinho" deve ser comido com a mão, fazendo uso do guardanapo para limpar dedos e boca. Mas no caso do frango assado, grelhado ou ensopado devemos fazer uso dos talheres (garfo e faca).

P.: *Se for convidado para um jantar e não gostar da comida sou obrigado a comê-la?*

R.: Seja discreto e, sem que o anfitrião perceba, esforce-se para comer ao menos os acompanhamentos. Se for alérgico, aguarde ser oferecido o próximo prato.

P.: *É verdade que o pão não deve ser cortado com a faca?*

R.: O pão que acompanha as refeições (pão italiano, francês ou *croissant*...) deve ser rasgado com os dedos porção por porção, à medida que for levá-la à boca. A faca de pão só deve ser usada para fazer sanduíches, em momentos informais.

P.: *Algumas pessoas penduram o guardanapo no pescoço. Isso é correto?*

R.: Não, o guardanapo deve ser colocado no colo. O guardanapo pendurado é ainda utilizado por pessoas idosas ou de outras culturas. As boas cantinas oferecem um guardanapo próprio para colocar no pescoço e evitar acidentes com os molhos.

P.: *Posso levar à mesa o drinque que estava bebendo no bar, enquanto aguardava ser chamado?*

R.: Normalmente, é o garçom quem leva, mas isso depende do padrão do restaurante e do movimento do dia. Em um ambiente informal e lotado, você corre o risco de perder o seu drinque.

P.: *Quando levo um cliente ao restaurante, quem senta primeiro à mesa?*

R.: Cabe ao anfitrião escolher e designar o melhor lugar para o seu cliente e sentar-se à sua frente.

P.: *Posso trocar os talheres de uma mão para a outra? Não consigo levar o garfo à boca com a mão esquerda...*

R.: Usar o garfo na mão esquerda e a faca na mão direita é questão de prática. Mas, enquanto não adquire o hábito, use a faca na direita para cortar e após deixá-la na borda do prato, passe o garfo da mão esquerda para a direita, conservando-o sobre o prato, e então o leve à boca com segurança. Pratique o novo hábito em casa e logo agirá com naturalidade.

P.: *Recebi um convite para um casamento que dizia "Confirmar presença". Devo avisar se eu não for à recepção?*

R.: É de grande importância a sua resposta confirmando a presença ou declinando do convite. Além de demonstrar traquejo, facilita ao anfitrião a organização de sua festa, evitando gastos supérfluos ou improvisando na última hora.

P.: *Como saber se o convite é só para o casal ou se estende para a família?*

R.: Quando o convite for endereçado a "Sr. e Sra. Fulano de Tal" significa que é apenas para o casal. Se for extensivo aos filhos, virá endereçado ao "Sr. Fulano de Tal e família". Evite causar transtornos para o anfitrião e não leve consigo pessoas a mais.

P.: *Evito participar das festas na empresa porque são sempre motivos de muita fofoca. Como fazer no final de ano? Sou obrigado a participar do "amigo-secreto"?*

R.: Ninguém é obrigado a participar dos eventos na empresa, mas a confraternização deve ser vista como motivo para interação entre as pessoas. Faça a sua parte, busque ver o lado bom desses encontros e aproveite, mas não se esqueça de preservar sua imagem.

P.: *Posso escrever meu apelido no cartão?*

R.: Você pode informar verbalmente. Somente o nome e o sobrenome devem constar no cartão, além das demais informações como função, endereço, telefone, e-mail.

P.: *Posso atender o celular do meu colega que está ausente da sala?*

R.: Não. O celular é pessoal. Atenda somente se for solicitado pelo dono antes de se ausentar.

P.: *Quando estiver no elevador conversando com um amigo, devo parar de falar ao entrar alguém?*

R.: Sim, por se tratar de um ambiente pequeno e fechado, com percurso rápido, deve-se evitar conversar, pois a pessoa estranha à conversa se sentirá deslocada.

P.: *Como devo agir quando chegar atrasado a uma reunião?*

R.: Procure ser o mais discreto possível ao entrar, portanto escolha um lugar perto da porta para sentar-se. Espere o intervalo ou o final da reunião para desculpar-se com o coordenador pelo seu atraso.

P.: *Posso atender a uma chamada do celular no meio da reunião?*

R.: O mais indicado durante uma reunião é manter o celular desligado; porém, se estiver aguardando uma chamada muito importante, comunique antes ao coordenador, deixe o aparelho no modo silencioso e sente-se próximo à porta para sair discretamente e atender a chamada.

P.: *Soube que um colega com quem não tenho intimidade perdeu um familiar. Como proceder?*

R.: Você pode confortá-lo por meio de um telefonema, e-mail ou telegrama. Se preferir, espere que ele volte ao trabalho para cumprimentá-lo. Nesses momentos é sempre bom ser solidário, mesmo com pessoas com quem não temos vínculo de amizade.

P.: *Sei que é importante olharmos nos olhos das pessoas quando conversamos, mas não consigo. O que fazer?*

R.: Supere sua timidez, buscando, se necessário, ajuda de um profissional. É através do olhar que passamos credibilidade às pessoas com as quais nos comunicamos. Os olhos são "a janela da alma".

P.: *Qual deve ser o tratamento nas mensagens via e-mail?*

R.: Se a mensagem for endereçada a amigos, é claro que pode ser informal. Dentro de organizações, com clientes externos e superiores, usa-se um tratamento mais cordial, respeitando, porém, a hierarquia. "Senhor(a)", "Prezado(a) Senhor(a)", "Doutor(a)" são alguns desses tratamentos. No final, despeça-se formalmente: "Atenciosamente", "Cordialmente" seguido de seu nome e sobrenome. Em e-mails profissionais deve-se evitar abreviações.

P.: *Em uma escada, quem vai à frente? O homem ou a mulher?*

R.: Antigamente, o homem subia na frente, mas essa regra foi atualizada e hoje, por questão de segurança, o homem sobe logo atrás da mulher e desce à sua frente, como forma de protegê-la. Mas, se a mulher não sentir confiança na pessoa que lhe acompanha, pode pedir ao homem que suba à sua frente.

P.: *Sou jovem e trabalho na área financeira, mas me sinto velha ao usar um tailleur. O que devo vestir para ter uma imagem profissional?*

R.: A roupa do profissional em geral deve ser escolhida levando em consideração a área, o cargo, o tipo físico, o gosto pessoal e o "bolso". Algumas áreas exigem maior discrição e seriedade. O tailleur ou terninho é, realmente, a melhor opção, e há tecidos e cortes adequados a todas as idades. Mas também se pode escolher vestidos ou calças, saias e blusas que podem ser usadas de forma coordenada, sempre evitando exageros e refletindo uma imagem profissional. Lembre-se, ainda, que estar bem vestido não significa virar "garoto(a) propaganda" de grifes famosas.

P.: *O que devo fazer quando trato uma pessoa por "senhora" e escuto "Senhora está no céu" ou "Você está me chamando de velha"?*

R.: Parabéns, você usou o tratamento correto na vida profissional. Não é preciso se desculpar. A partir do momento em que a pessoa abriu mão do tratamento formal, trate-a simplesmente por "você". E se você dispensa o tratamento formal, para não constranger seu interlocutor é melhor dizer: "Trate-me por você".

P.: *No trabalho sou conhecido pelo sobrenome. Como devo me apresentar: pelo nome ou sobrenome?*

R.: Apresente-se sempre com nome e sobrenome, ressaltando que na empresa é conhecido somente pelo sobrenome.

P.: *O que fazer quando não me lembro do nome de alguém que me diz: "Lembra-se de mim"?*

R.: O melhor é ser sincero e pedir desculpas à pessoa. É bom também para aprender a lição e não fazer o mesmo, pois isso pode causar constrangimento. Ao encontrar alguém, pode ajudar seu interlocutor, dizendo seu nome e alguma referência que permita a ele lembrar-se de você.

P.: *Qual minha atitude se, ao chegar numa festa, encontrar mais pessoas com a roupa igual a minha?*

R.: A melhor saída é usar o bom humor e comentar sobre o bom gosto que tiveram.

P.: *O que fazer se minha meia desfiar?*

R.: É sempre bom prevenir-se, tendo um par de meias à disposição, na bolsa ou na *nécessaire*.

P.: *O que fazer se meu colega de trabalho der vexame numa festa?*

R.: Tente alertá-lo, de forma discreta, quanto ao seu comportamento. Se não der certo, leve-o para casa ou peça a alguém mais próximo para levá-lo.

P.: *Como lidar com uma cantada de um cliente?*

R.: Se for possível, faça de conta que não entendeu. Se ele insistir, seja firme e, com serenidade, diga à pessoa que não confunda o objetivo do encontro, que está ali para atendê-la com competência e profissionalismo.

P.: *Como sair de uma saia justa ao confundir uma jovem esposa com filha ou perguntar a uma pessoa gorda se ela está grávida?*

R.: Procure manter o bom humor e continue a conversa com naturalidade, afinal, todos somos passíveis de enganos. Mas tome como lição e, numa próxima vez, pense antes de falar. Fique atento!

P.: *Estava à minha frente uma mulher bem-arrumada, com cabelos longos e maquiada. Quando puxei seu cadastro, vi tratar-se de um homem. Por um momento não soube o que fazer. Como agir numa situação dessas?*

R.: Procure agir com naturalidade e pergunte à pessoa como prefere ser tratada.

P.: *Meu chefe me criticou na frente de meus colegas. Senti--me diminuído e fiquei sem ação. Como fazer para que esta situação não se repita?*

R.: Espere um momento oportuno, a sós, e converse sobre o mal-estar com seu chefe. Diga-lhe que aceita as críticas, mas que elas sejam feitas em particular. Trata-se de uma questão de respeito e de bom exercício de liderança. Ninguém consegue produzir sendo desrespeitado e se o constrangimento for muito grande pode gerar um processo por assédio moral.

Depoimentos

A seguir, apresentamos alguns depoimentos sobre o valor das boas maneiras na vida pessoal e profissional, recolhidos ao longo de nossa carreira.

Uma empresa que propicia condições para o desenvolvimento de seus colaboradores sabe que pessoas que jogam pelo mesmo time são fatores críticos de sucesso e, ao investir em seu time, torna-se cada vez mais competitiva. Aqui no Itaú Unibanco investimos constantemente na formação de nossas equipes com programas de treinamentos específicos para cada área de negócio. Os programas abordam conhecimentos funcionais, técnicos, negócios, gestão de pessoas e excelência pessoal, despertando a paixão pela performance em nossos colaboradores.

Assim, dentre os importantes temas ministrados em nossos treinamentos, destacamos o programa de etiqueta profissional, voltado à construção da imagem profissional, social e pessoal, incentivando uma postura ética e responsável na construção de uma relação sustentável com os clientes, acionistas, colaboradores, fornecedores e sociedade.

Mousar Casanova
(Banco Itaú Unibanco S.A.
Escola Itaú Unibanco de Negócios)

Nos meus mais de 25 anos de atuação como consultor em seleção de executivos e profissionais especializados muita coisa mudou no nível de exigências dentro das empresas na hora da contratação, mas o que permanece inalterada é a expectativa de que os candidatos se apresentem adequadamente vestidos, com a "imagem limpa" e que seus gestos e maneiras de se comportar sejam compatíveis com o ambiente de uma entrevista. É a partir daí que a empresa faz uma projeção de como seria o comportamento da pessoa nas suas relações profissionais. Não basta se vestir com roupas de grife pois o que conta é um conjunto de fatores cujo equilíbrio revela, ou não, uma postura adequada. É comum alguns clientes meus convidarem os candidatos finalistas do processo seletivo para um almoço informal e descontraído na intenção, mas que no fundo serve para a empresa avaliar como o candidato se comporta.

Oswaldo Donatelli
(*Headhunter*)

Falar sobre boas maneiras é falar sobre confiança, credibilidade, tom de voz, honestidade, cuidados com a aparência. A primeira impressão é a que fica e nem sempre você terá uma segunda oportunidade. Isso se aplica tanto na vida social como profissional. Além da atualização técnica, deve ter carisma, atitudes ponderadas a fim de conquistar a credibilidade e confiança de seus pacientes. Na vida pessoal as boas maneiras facilitam o viver do dia a dia, minimizando o estresse entre as pessoas.

Mary Hitomi Kiyota
(Cirurgiã ortodontista)

As boas maneiras fazem com que se adotem diferentes comportamentos de acordo com a hierarquia e a ocasião. Elas, sem dúvida, agregam valor à minha vida porque agem como fator de inclusão social uma vez que se você não as tem, será objeto de discriminação.

Victor Almeida Peloso
(Estudante do curso de Medicina)

As boas maneiras melhoram o relacionamento entre os clientes. Com educação e paciência no trânsito procuro aguentar calado as irritações e a não descontar na família o dia estressante. Boas maneiras é tratar bem as pessoas e se colocar no lugar devido. Só falar quando for solicitado, não ouvir a conversa no carro. Boas maneiras é dirigir com cuidado procurando não infringir as leis do trânsito. Tenho 10 anos de profissão com a mesma família e 18 anos com a UNIFESP.

Jair Martins Marques
(Motorista particular)

O bom relacionamento é tudo dentro da empresa ou num grupo de trabalho. Você tendo um bom relacionamento, seu trabalho flui melhor e com isso você consegue dar um bom atendimento aos seus clientes. Na família, também precisa haver bom relacionamento entre os membros. Isso influencia na criação dos filhos, através do diálogo, da compreensão e do respeito. É preciso respeitar a individualidade de cada pessoa.

Jaime Ribeiro da Silva
(Motorista de táxi)

As boas maneiras agregam muito por ser um princípio de respeito que você precisa ter com o cliente. É com seu jeito de ser e de se expressar que você cativa às pessoas. Toda essa imagem você passa na primeira impressão. Deixa a pessoa entusiasmada e ela se sente mais à vontade. Com a família, compartilhe seus sentimentos. Isso faz com que ela valorize você.

Geiff Alves Targino
(Atendente/segurança)

Não tenho cultura, mas sei que, para conviver bem com as pessoas, é importante se relacionar bem com elas. Aqui no prédio, onde trabalho há 26 anos, trato bem todo mundo e sinto que as pessoas têm confiança em mim, e isso é muito bom. Não é fácil conviver com pessoas que não têm índole boa.

Luis Manoel de Araújo
(Zelador)

Na medida em que vivemos em sociedade, consequentemente necessitamos uns dos outros; assim os bons modos refletem um relacionamento harmonioso de respeito e oportunidades de sucesso.

João Batista de Assis Júnior
(Garçom)

Os bons modos trazem como principal vantagem a conquista do respeito e da amizade das pessoas, com as quais me relaciono tanto em termos pessoais quanto profissionais.

Antonio Saporito
(Professor universitário)

Boas maneiras, no meu ponto de vista, é tudo, está (ou deveria estar) em tudo, e faz tudo e toda diferença em todo e qualquer lugar... Lamentavelmente, algumas pessoas se esquecem do que aprenderam em casa (não falar palavrão, não mentir, não caçoar das pessoas etc.). Enfim, aprendemos a ter boas maneiras e ética. Lamentavelmente, algumas pessoas esquecem-se dessas lições ou simplesmente optam em não usá-las. Na vida profissional, assim como na vida social, ter boas maneiras é tão ou mais importante que conhecimento técnico... Infelizmente para uns, isso que deveria ser a base de qualquer empresa, hoje é um diferencial para outros.

Suzi Dias Damasceno
(Empresária)

Lidei nos últimos 20 anos com clientes, colegas e parceiros. Particularmente com clientes, a boa educação fornecida pelos meus pais criou um clima de cordialidade e respeito que foi fundamental para um bom trabalho em conjunto e bons negócios.

Kátia Pessanha
(Gerente – Universities Alliances Manager – IBM SWG)

Bibliografia

BALDRIGE'S, Letitia. *New Complete Guide to Executive Manners.* New York: Rawson, 1998.

BRENNAN, Lynne; BLOCK, David. *Etiqueta no mundo dos negócios.* São Paulo: Siciliano, 1994.

CALDERARO, Martha. *Etiqueta e boas maneiras.* 5. ed. Rio de Janeiro: Nova Fronteira, 1987.

CARLSON, Richard. *Não faça tempestade em copo d'água*: e tudo na vida são copos d'água. Maneiras simples de impedir que coisas insignificantes dominem sua vida. Rio de Janeiro: Rocco, 1998.

COMPORTAMENTO E POSTURA PROFISSIONAL. São Paulo: Lacre Consultoria, 2003.

COTRIM, Gilberto. *Moral e cívica para uma geração consciente.* 12. ed. São Paulo: Saraiva, 1991.

DIMENSTEIN, Gilberto. *Aprendiz do futuro*: cidadania hoje e amanhã. 9. ed. São Paulo: Ática, 2004.

DOURADO FILHO, Fernando. *Ao redor do mundo*: convivência e negociação com culturas estrangeiras para brasileiros. São Paulo: Monna Lisa, 2000.

JOFFILY, Ruth. *Vista-se como você é*: um guia de moda para mulheres de todos os tipos. Porto Alegre: L&PM, 1997.

MADE IN JAPAN. São Paulo: JBC, n. 38, nov. 2000.

MAERKER, Stefi. *Secretária*: uma parceria de sucesso. São Paulo: Gente, 1999.

MANDINO, Og. *O maior vendedor do mundo*. Rio de Janeiro: Record, 2006.

MARINHO, Marcelo Aidar. *Qualidade humana*: as pessoas em primeiro lugar. São Paulo: Maltese, 1994.

MATARAZZO, Cláudia. *Net.com.classe*. São Paulo: Melhoramentos, 2002.

RIBEIRO, Célia. *Boas maneiras & sucesso nos negócios*: um guia prático de etiqueta para executivos. Porto Alegre: L&PM, 1993.

SERRÃO, Margarida; BALEEIRO, Maria Clara. *Aprendendo a ser e a conviver*. São Paulo/Salvador: FTD/Fundação Odebrecht, 1999.

SOUZA, Herbert de; RODRIGUES, Carla. *Ética e cidadania*. 2. ed. São Paulo: Moderna, 2005.

VIRGINIA, Bárbara. *Etiqueta sem etiquetas*. São Paulo: Loyola, 1993.

_____. *Seu comportamento, seu sucesso*. São Paulo: Loyola, 1996.

VOCÊ S/A. São Paulo: Abril.

WIKIPÉDIA: a enciclopédia livre. Disponível em: <http://pt.wikipedia.org>.